Zerreiß doch die Wolken

Zerreiß doch die Wolken

Ein Akademiebrevier

Herausgegeben von
Michael Schlagheck, Susanna Schmidt, Thomas Sternberg
für den Leiterkreis
der Katholischen Akademien in Deutschland

HERDER

FREIBURG · BASEL · WIEN

Gedruckt auf umweltfreundlichem,
chlorfrei gebleichtem Papier

Originalausgabe

www.herder.de
Satz: Dtp-Satzservice Peter Huber, Freiburg
Herstellung: fgb · freiburger graphische betriebe 2007
www.fgb.de
ISBN 978-3-451-29631-4

Dieses Buch ist auch im Buchhandel erhältlich unter der
ISBN 978-3-451-29601-7

Inhalt

Vorwort

„Um klar zu sehen, genügt oft ein Wechsel der Blickrichtung", sagt Antoine de Saint-Exupéry. In Katholische Akademien kommen Gäste, die in diesem Sinne ihre Blickrichtung wechseln wollen. Mit einer Grundhaltung des Verstehenwollens und experimentell gestimmt begegnen sie hier Menschen und verändern sich, denn sie erfahren etwas, das ihre Vorstellungen bereichert; sie erkennen Differenzen zum eigenen Standort und können so nach Verbindendem suchen. In Gesprächen über die wichtigen Fragen des persönlichen, gesellschaftlichen, kirchlichen und politischen Lebens, suchen sie Verständigung über Orientierungsmarken und fragen dabei auch nach der Stimme des gegenwartsbewussten christlichen Glaubens.

Wenn Menschen sich so begegnen, gibt es Zeit für das Gespräch, aber auch Zeit für das persönliche Nachdenken und Besinnen. Was ist das Wesentliche? Was trägt mich und auch die Gesellschaft letztlich? Welche Sehnsucht treibt uns an und ermutigt angesichts von Angst und Leid? Welche Verantwortung habe ich mir selbst und anderen gegenüber? Von diesen und weiteren Fragen handeln die Texte, die wir im vorliegenden Akademie-Brevier zusammengetragen haben. Es sind alte, manchmal fast vergessene Texte, die auch über lange Zeiträume nichts von ihrer großen Kraft verloren haben und wiederentdeckt werden wollen. Und es sind Texte zeitgenössischer Autorinnen und Autoren aus verschiedenen Kulturen, die uns mit vielleicht Ungewohntem konfrontieren und neue Sicht ermöglichen. Es sind Texte, die persönliche und gesellschaftliche Herausforderungen reflektieren und Texte, die Unausgesprochenes, nur Gefühltes oder Geahntes auf das Wort und den Begriff bringen. Es sind Texte, in denen mit Gottes Wahrheit von vielen Seiten gerechnet wird. So können sie klären und deuten, können zum Nachdenken und zum Gebet führen sowie eine neue soziale Praxis anregen.

Wir danken allen Kollegen aus den Katholischen Akademien, die Texte in dieses Akademie-Brevier eingebracht haben und Elisabeth Wyrwa und Eva Mundanjohl für die sorgsame redaktionelle Bearbeitung.

Michael Schlagheck
Susanna Schmidt
Thomas Sternberg

Wohin ihn lang die Sehnsucht reißt

Suche nicht

Um zu erlangen, alles zu genießen,
suche in nichts Genuß.
Um zu erlangen, alles zu besitzen,
suche in nichts etwas zu besitzen.
Um zu erlangen, alles zu sein,
suche in nichts etwas zu sein.
Um zu erlangen, alles zu wissen,
suche in nichts etwas zu wissen.
Um zu erlangen, was du nicht verkostest,
geh dorthin, wo du nichts verkostest,
Um zu erlangen, was du nicht weißt,
geh dorthin, wo du nichts weißt.
Um zu erlangen, was du nicht besitzest,
geh dorthin, wo du nichts besitzest.
Um zu werden, was du nicht bist,
geh hin, wo du nichts bist.

Johannes vom Kreuz

Strahl des Himmels

Strahl des Himmels, nachtgeboren,
Vergebens trittst du nicht hervor,
Gieb ihm Vertraun, daß unverloren
Was ausgeht durch das irdsche Thor:
Ja, wenn dort eine Seele bebet
Mit gleicher Flamme, wie sein Geist,
Daß nichts ihn hält, daß er entschwebet,
Wohin ihn lang die Sehnsucht reißt.

Achim von Arnim

Kein Sand

O mein Gott,
ich möchte dich gut verstehen.
Ich flehe dich an, antworte mir,
wenn ich dich demütig frage:
Was ist die Wahrheit?
Gib, dass ich die Dinge so sehe, wie sie sind,
dass ich mir durch nichts
Sand in die Augen streuen lasse.

Therese von Lisieux

Die Dinge lasst reden

Nicht „von Gott“ laßt uns reden,
„von“ – „Gott“, „von Gott“ nicht.
Von den Dingen laßt uns reden,
von den Dingen, den Dingen, den Dingen.

Gott laßt reden von sich,
von sich laßt Gott reden.
Die Dinge laßt reden von sich,
von sich laßt reden die Dinge.

Laßt Gott von den Dingen reden,
laßt von den Dingen Gott reden.
Laßt die Dinge reden von Gott,
die Dinge laßt reden von Gott.

Fridolin Stier

Zeit der Lese

wenn bald schon wieder sanft ein jahr verklingt
der zorn verebbt – die bitterkeit verstummt
das leben letzte leise strofen singt
der sehnsucht tosen kaum noch hörbar summt:

dann sei mir nah, dass ich nicht spurlos ende –
bevor mein bruchteil liebe ganz verklungen
nimm, was dir lieb von mir, in deine hände
und übersieh in freundschaft was misslungen.

Walter Boscheinen

Sehnend

Wer immer du seist, wenn du strebst, zu erheben den Ruhm dieser Tore,

Staune nicht an das Gold und den Aufwand, sondern die Arbeit.

Edel erstrahlt das Werk, doch das Werk, das edel erstrahlet,

Möge erleuchten die Geister, daß sie eingehen durch die wahren Lichter

Zum wahren Licht, wo Christus das wahre Tor ist.

Welcherart es im Inneren sei, bestimmt diese goldene Pforte:

Der schwache Geist erhebt sich zum Wahren durch das Materielle

Und sehnend erhebt er sich durch das Licht aus seiner Versunkenheit.

Abt Suger von Saint-Denis

Eine Hymne, ein feierliches Lied

Hierher, Atem, zünd mich an,
schick aus deiner fernsten Ferne
Wellen Lichts.

Komm Armeleutevater
komm oberster Mundschenk
Komm Herzensjäger.

Bester Tränentrockner
liebster Seelengast
mein Freund mein Schatten

Einmal ausruhen
für Grübler und Geschundene,
du, Atempause den Verkrampften.

Unerträglich schönes Licht
überschüttete den Abgrund
meines Herzens, du Vertrauter.

Gott bist du und ohne dich
ist alles Nacht und Nebel,
Qual und Schuld,

du aber machst rein.
Meine Blüte welkt – gib Wasser,
salbe meine Wunden.

Steif steh ich da, Eintritt verboten,
gefroren. Tau mich sorgsam auf.
Such mich Verirrten.

Ja sag ich dir, nein tu ich dir.
Vergilt den Zweifel mit Freundschaft
siebenmal tausendmal.

Nichts bin ich ohne dich.
Tot will ich zu dir hin.
Und ich werde lachen.

Das „Veni sancte spiritus", aus dem 9. Jahrhundert,
frei übersetzt von Huub Oosterhuis

Gebet um die Gabe des Geistes

Komm, Heilger Geist, Du Schöpferkraft!
Kehr in der Deinen Herzen ein
Und laß, was Deine Gnade schafft:
Den Menschengeist – Dir Wohnung sein!

Der Ruf Du und Berufung heißt:
Gott schickt aus höchstem Himmel Dich
Als Quell und Glut und Brunst und Geist
Und salbt mit Dir uns innerlich...

Du Gnadengabe, – siebenfach
Aus Gottes Hand durch Seinen Bund
Strömst Du uns zu, wie Er versprach,
Und füllst mit Wohllaut unsern Mund.

O gieße unsern Sinnen Licht
Und unsern Herzen Liebe ein!
Laß unsrer Leiber Schwäche nicht
Dem Schwung der Seelen Hemmnis sein!

Vertreibe, was uns feindlich ist!
Mach, daß der Friede fruchtbar wird!
Wenn Du uns Wegbereiter bist,
Ist keine Macht, die uns verwirrt.

Gib uns vom Vater Wissenschaft,
Laß uns im Geist den Sohn erschaun,
Und mache, daß wir Deiner Kraft
Im Glauben allezeit vertraun!

Daß unser Herz den Schöpfer preist
Und Ihn, der uns vom Tod befreit,
Und Dich, den sie gesandt, den Geist,
Von Ewigkeit zu Ewigkeit!

Rabanus Maurus

Wonach dürstet uns?

Wozu vermehrt sich massenhaft
der Mensch aus Wasser, Geist und Staub?
Durch welche Wüsten wandern wir?
Durch welche selbstgemachten Paradiese?
Was treibt uns an?

Und sage ich Wir, dann sage ich auch,
jedes Wir ist ein vielfaches Ich:
Wir waren der Wüste nicht eingedenk,
verheerten das Wasser, das Land, die Luft.
Wonach dürstet uns?

Wir hätten dich suchen sollen, mein Gott.
der du zugegen bist in alledem.
Aufs Krankenbett meines Gewissens
wirft mich der Schüttelfrost, das Fieber.
Wonach dürstet mich?

Aus alten Zeiten höre ich sagen,
deine Güte sei besser als Leben.
Darüber sinne und sinne ich nach.
Du wirst mir zu Hilfe kommen.
Mich dürstet nach dir.

Arnim Juhre
(Was ist besser als Leben?, Psalm 63)

Nachtgespräch

Wer nur im Bilde lebt, lebt nicht. Wer nur das Ziel kennt und den Anfang nennt und den Gang nicht spürt, der ist nie gegangen. Das innerste Bewußtsein des Menschen ist, daß er seine Entfernung weiß und das Wegmaß fürchtet, wo die Ferne sich in Nähe verwandelt. Qual der Freiheit, umzukehren, da man vorwärts schreitet. Wer den Augenblick nicht spürt, wo der Wurf aufhört und der Fall anfing, der ist nie Mensch geworden. Wer seine Schwere nicht ausgräbt, ist immer ein Totengräber Gottes geblieben, und wer nicht Särge einsenkt seines Tuns als drohende Meilenhügel hinter seinem Rücken, der hat seinen Gott nicht auferstehen lassen. Da geht der Mond und ist diese Nacht eine Sichel, eine Scheibe in einer anderen Nacht und wieder eine Sichel, stets die Spitzen sich zugekehrt zum Ringe, und flieht seine Mitte, durchschneidet zweimal sein Herz in der Zeit seines Umlaufs und bleibt unversehrt. Der Mensch versehrt sich, daß er seine Mitte erkennt; sein Herz ist in einem Ringe, dessen Ränder er flieht, und eh er die rechte Mitte weiß, ist er am Rande. Was er allein suchen muß, flieht ihn, und was er findet, gehört allen. Das Zeichen ist für alle und das Bildmaß ist jedem gegeben. Aber wer erfaßt den Sinn, warum er abseits stehen und das Zeichen lesen muß, und wagt noch den Spiegel zu halten, und wer erträgt die Kuppel, die nicht auf seinen Schultern ruht? Die Wahrheit ist ein Spiegel, aber den keiner hält, und die Kuppel ein Haus, das niemand gehört. Nichts scheidet den Tag vom Tage so rein wie sie.

Aber wer grenzt die Nacht von der Nacht und baut die Kuppel ohne Schatten?

Konrad Weiss

Dich

und dich nicht weiter denken
dich denken wo du bist
weil du dort wirklich bist

Dich nicht älter denken
und dich nicht jünger denken
nicht größer nicht kleiner
nicht hitziger und nicht kälter

Dich denken und mich nach dir sehnen
dich sehen wollen
und dich liebhaben
so wie du wirklich bist.

Erich Fried

Wann?

O mein Gott,
wann werde ich es dahin bringen,
daß meine ganze Seele dich preist
und alle meine Kräfte Freude finden an dir?
Laß doch, o Herr, nicht zu,
daß ich weiterhin so geteilt und zerrissen lebe,
als gehe jeder Teil von mir
seine eigenen Wege.

Teresa von Avila

Gib mir, o Herr, ein festes Herz

Gewähre mir, ich bitte dich,
Allmächtiger und Allerbarmer Gott,
die Gnade, glühend zu ersehnen,
weise zu erforschen
und vollkommen zu erfüllen,
was immer wohlgefällig ist vor dir.

Lenke meinen Weg in der Weise
zum Ruhme deines Namens.
Und gewähre mir für alles,
was du von mir verlangst,
die recht Einsicht,
Willen und Vermögen,
daß ich es so vollbringe,
wie ich soll,
und laß meinen Weg zu dir,
ich bitte dich,
sicher, gerade und vollkommen sein
bis zum Ende.
Gib mir, o Herr,
ein festes Herz,
das keine unwürdige Leidenschaft niederzieht;
gib mir ein unüberwindliches Herz,
das keine Trübsal niederbeugt;
gib mir ein aufrechtes Herz,
das kein niedriges Streben auf Abwege bringen kann.

Erfülle mich auch,
o Herr, mein Gott,
mit Verstand, dich zu erkennen,
mit Eifer, dich zu suchen,
mit Weisheit, dich zu finden,
mit einer Treue,
daß ich am Ende dich umarmen darf.
Amen

Thomas von Aquin

Vor der Tür

Du brauchst Gott weder hier noch dort zu suchen;
Er ist nicht ferner als vor der Tür des Herzens.
Da steht er und harrt und wartet,
wen er bereit finde, der ihm auftue und ihn einlasse.
Du brauchst ihn nicht von weither herbei zu rufen:
Er kann es weniger erwarten als du, daß du ihm auftust.
Es ist ein Zeitpunkt: Das Auftun und das Eingehen.

Meister Eckhart

Die arme Kommunion

Mein Gott, ich liebe Dich nicht, ich wünsche es nicht einmal, ich langweile mich mit Dir. Vielleicht glaube ich nicht einmal an Dich.

Aber blicke mich an im Vorübergehen.

Tritt einen Augenblick in meine Seele, bring sie in Ordnung mit einem Hauch, unauffällig, ohne mir etwas zu sagen.

Wenn Du möchtest, daß ich an Dich glaube, bring mir den Glauben. Wenn Du möchtest, daß ich Dich liebe, bring mir die Liebe mit. Ich, ich habe sie nicht, und ich kann nichts dafür. Ich gebe Dir, was ich habe: meine Schwäche, meinen Schmerz. Und diese Zärtlichkeit, die mich quält und die Du so gut siehst ... Und diese Verzweiflung ... Und diese verwirrte Scham.

Marie Noel

Am Ziel verborgen
der Andere

Verborgen – das Andere

Sehr schwer verständlich ist mir der höchste Einsatz, der des Lebens. Vielleicht bin ich zu neugierig und wundersüchtig dazu; ich erwarte unaufhörlich das Unerwartete. Was ich weiß oder will, ist mir wertvoll hauptsächlich dann, wenn es aufgehoben oder widerlegt wird. Am Ziel jeder Richtung steht verborgen das *Andere,* von dem ich nur fühle, daß es überraschend sein wird. Ich *weiß,* damit es sich plötzlich *anders* weiß. Ich *will,* damit der Wille mir *abgelenkt* wird. In allem ist ein solcher Reichtum an Erwartung, daß ein Abschluß, welcher Art immer, mir unvorstellbar ist. Es gibt kein Ende, denn alles wird immer mehr. Der eigentliche Mensch ist für mich der, der kein Ende anerkennt, es soll keines geben und es ist gefährlich, eines zu erfinden.

Elias Canetti

Grosse Litanei

Sei hier zugegen, Licht unter uns.
Laß unsre Augen deine Herrlichkeit sehen.
Weck deine Kraft, komm und befreie uns.

Sei hier zugegen, uns gegebenes Wort.
Sei hier zugegen, Flamme unsres Lebens.
Flamme unsres Lebens, Sinn unsres Lebens.
Komm und befreie uns, Gott unsres Lebens.
Deine Rettung erscheint wie das Morgenlicht.
Komm wie der helle Tag, sei Licht unsren Augen.

Gott unsres Lebens, daß wir dich hören.
Daß wir dich kennen mit Herz und Seele.
Lebendiger Gott, kein Gott der Toten.
Daß wir dich kennen, daß wir wieder leben.
Bist du denn Gott, kein Gott der Menschen?
Komm, sei zugegen, daß wir wieder leben.

Denn du bist Gott, Licht am Morgen.
Du bist der Einzige, heute und morgen.
Seit Menschengedenken bist du Gott.
Heilig und ewig, ein Gott der Menschen.
Seele der Herzen, Licht unsres Lichtes,
ein Gott der Ferne und der Nähe.

Noch nie hat jemand dich gesehen.
Und nur dein Sohn, der Menschensohn,
allein dein Sohn ist unser Führer.
Jesus Messias, Flamme unsres Lebens.
Uns gegebenes Wort, Licht unter uns.
In uns geboren, Gott unter uns.

Lebender Toter, lebendige Liebe.
Heiliger Gott, unsterblicher Gott.
Komm, sei zugegen, laß uns nicht fallen.
Laß uns nicht fallen zurück in den Staub.
Schau uns an, dulde uns, sei uns gnädig.
Sei uns gnädig, lass uns nicht sterben.

Daß wir nicht leben, gefangen in Leere.
Daß wir in keine Sackgassen gehen.
Was wäre die Erde, wenn du nicht wärst?
Sende uns deinen Geist, uns neu zu schaffen.
Sei unser Atem, sei uns im Blut.
Atme uns frei, damit wir nicht sterben.

Ruf uns beim Namen, lebendige Liebe.
Lebendiger Gott, warum müssen wir sterben?
Nicht die Toten sprechen von dir.
Nicht die Toten in ihrer Stille.
Wir aber, die leben in dieser Nacht,
wollen dich sehn und rufen deinen Namen.

Durch dich sind wir, in dir sind wir.
In unsrem ruhlosen Rufen bist du.
Wir, die herumtollen in dieser Nacht,
dürsten nach dir, Quell unsres Lebens.
Alle Lebenden dürsten nach dir.
Öffne dich, daß wir gesättigt werden.

Zerreiß doch die Wolken und komm,
Hier, jetzt sei unser Gott. Wer sonst?
Niemand anderer hat uns gerufen
wie die Geliebte: „Öffne mich, iß mich."
„Hier bin ich selbst", hast du gerufen.
„Trink mich, teile mich aus, hier bin ich."

Niemand sonst hat so gerufen.
Und der Abgrund hat es gehört.
Wo bist du jetzt mit deiner Leidenschaft?
Bist du nicht mehr der Einzige von damals?
O komm zurück, mach unsre Ehre heil,
uns gegebenes Wort ein für allemal.

Mit allen deinen Menschen wo auch immer auf Erden
rufen wir zu dir in dieser Nacht.
In dieser Stadt, in diesem Haus voll Menschen,
in diesem Leib hier: Sei unser Friede.
in diesen Tagen: Sei unser Friede.
Auf unseren Tischen: Brot des Friedens.

Für unsere Kinder: Endlich Friede.
Kein Mensch verworfen, kein Kind verloren.
O Gott komm zurück, dein Wille geschehe.
Dein Name geheiligt, deine neue Erde.
Wie lange noch müssen wir warten auf dich,
Menschen für Menschen, alles für alle?

Auf dich vertrauen wir, lebendiger Gott.
Und solltest du je das Vertrauen enttäuschen?

Huub Oosterhuis

Das Versteckspiel

Rabbi Baruchs Enkel, der Knabe Jechiel, spielte einst mit einem andern Knaben Verstecken. Er verbarg sich gut und wartete, daß ihn sein Gefährte suche. Als er lange gewartet hatte, kam er aus dem Versteck; aber der andere war nirgends zu sehen. Nun merkte Jechiel, daß jener ihn von Anfang an nicht gesucht hatte. Darüber mußte er weinen, kam weinend in die Stube seines Großvaters gelaufen und beklagte sich über den bösen Spielgenossen. Da flossen Rabbi Barach die Augen über, und er sagte: „So spricht Gott auch: Ich verberge mich, aber keiner will mich suchen."

Martin Buber

Die Suche

Aber, wenn du mir nirgends einen Ort gegeben hast, an den man nur hinflüchten müsste, um dich schon gefunden zu haben, wenn alles der Verlust deiner, des Einen, sein kann, dann muß ich dich auch in allem finden können, weil sonst der Mensch dich überhaupt nicht finden könnte, der Mensch, der ohne dich nicht sein kann. Dann muss ich dich in allem suchen, dann ist alle Tage Alltag und alle Tage *dein* Tag und die Stunde deiner Gnade.

Karl Rahner

Wie ein Brief

Bei Aufschlagen des Evangeliums könnte man sich vorstellen: Die Worte Jesu stammen wie aus einem uralten Brief, der mir in einer unbekannten Sprache geschrieben wurde. Da ihn jemand an mich richtet, der mich liebt, versuche ich, den Sinn zu verstehen; und ich werde das Wenige, das ich begreife, in die Tat umsetzen.

Zunächst kommt es nicht auf umfangreiches Wissen an. Dieses hat zwar seinen Wert, aber der Mensch beginnt das Geheimnis des Glaubens zuerst mit dem Herzen zu erfassen, tief im Innern. Das Wissen kommt später. Man bekommt nicht alles auf einmal. Inneres Leben wächst allmählich. Heute – mehr als gestern – ergründen wir den Glauben Stück für Stück.

Tief im Menschen liegt die Erwartung einer Gegenwart, das stille Verlangen nach einer Gemeinschaft. Vergessen wir nie: das schlichte Verlangen nach Gott ist schon der Anfang des Glaubens.

Niemand kann für sich allein das gesamte Evangelium begreifen. Jeder Mensch kann sich sagen: In der einzigartigen Gemeinschaft, welche die Kirche ist, verstehen und leben andere, was ich vom Glauben nicht begreife. Ich stütze mich nicht nur auf meinen eigenen Glauben, sondern auf den Glauben der Christen aller Zeiten, seit Maria und den Aposteln bis heute. Und Tag für Tag mache ich mich bereit, dem Geheimnis des Glaubens Vertrauen zu schenken.

Es zeigt sich, daß der Glaube, das Vertrauen auf Gott, etwas ganz Einfaches ist, so einfach, daß alle ihn annehmen können. Er ist wie ein Schritt, den wir tausendfach von neuem tun, ein Leben lang, bis zum letzten Atemzug.

Frère Roger

Du bist die Antwort nicht

Du bist die Antwort nicht
auf unsere Fragen, Gott,
du bist kein Trost,
wenn wir nicht weiterkönnen
und an die Mauern
unseres Daseins stoßen.
Auch keine Zuflucht bist du
für unsere Unwissenheit,
du bist kein Lückenbüßer,
du bist für uns kein Weg
zu irgendeinem Glück
und keine Quelle unseres Wohlstands.
Du bist kein Grundsatz, Gott,
du bist uns kein Gesetz,
du mutest uns nichts zu,
du weißt nicht alles,
du bist nicht makellos,
nicht unbescholten,
du bist ein anderer,
du wehrst dich nicht.
Du lässt die Dinge laufen,
dahinleben lässt du uns,
du bist nicht. hier,
nicht dort, nicht überall,
du bist nicht alles, Gott,
du sagst so wenig.

Huub Oosterhuis

Klarheit

Wir haben es mit der Klarheit, nicht wahr? Wir sind die Klaren, die Klärer, die Er-klärer, die Auf-klärer – wir! In unseren Köpfen besitzt die Menschheit ihre Kläranlage für allen Gedanken-, Gefühls- und anderen Unrat … o Gott! Und gerade mir passiert es, dass ich mir über das Klarste nicht klar bin! Ja! Das Klarste, Auerklarste, was es gibt – nämlich: DASS ES ETWAS GIBT! Und das ist das Ungeklärte, Unerklärte, Unaufgeklärte schlechthin! Und das ist mir beim Aufklärgeschäft am Leberegelleben plötzlich in aller Klarheit „erschienen" – das – widersprüchlich, aber wahr gesagt – das manifeste Mysterium ... Ja, die einfache Tatsache, dass es etwas gibt und dass es *das* gibt und dass ich in dieser Welt „bin", in der es mich und das und das gibt – diese banale Tatsache war mir bis zur „Erscheinung" entgangen, unbeachtet, unbedacht geblieben, und nun, nachdem sie sich mir aufgedeckt und ins Bewusstsein gedrängt hat, erfüllt sie mich mit maßlosem Staunen. Zum ersten Mal sehe ich, was ich immer schon vor Augen hatte, aber wissenschaftlich, wie ich eingestellt war, nicht zu sehen vermochte: Das Offenbarste, das mir doch das Verborgenste geblieben war. Die Sache der Wissenschaft, sich mit den Sachen zu befassen, verdeckt die Tatsache, *dass* die Sachen *sind*. In der Blickrichtung der Wissenschaft kommt diese Tatsache als solche nicht zum Vorschein; in der Horchrichtung der Naturwissenschaft gibt sie keinen Laut; in der Rede der Naturwissenschaft kommt sie, die erregendste aller Tatsachen, nicht zur Sprache … In dem Augenblick, wo die Wissenschaft dessen inne würde, stünde sie, erschreckend und geblendet, vor der majestätischen Erscheinung der Sphinx.

Fridolin Stier

Sammlung

Im stillen Raum der schweigenden Bereitschaft ist alles versammelt, die ganze äußere Welt, die ganze innere Welt, alles atmet, ins Freie versammelt darin.

Die Sammlung des Schweigens ist aber noch mehr als die Sammlung der inneren und äußeren Welt. Und dieses Mehr ist schließlich entscheidend. Sie ist die reine Freiheit und Offenheit, die, indem sie alle Welt umfängt, zugleich alle Welt übersteigt. Sie fällt mit aller Welt, die sie in ihrer Weite versammelt hat, in den namenlosen Abgrund über alle Welt hinaus. Das, worein die Welt gesammelt wird, ist größer, unmessbar größer als alle Welt. Es ist die abgründige Weite der Unendlichkeit des Geheimnisses, das alles trägt und alles gewährt und auf alles wartet. Die schweigende Sammlung öffnet sich über alle Welt hinaus in den Abgrund der Gottheit, die lautlos alles umfängt.

Bernhard Welte

Spielraum

Der Spielraum des Menschen entsteht nicht aus vorgeplanten und vorgefertigten Möglichkeiten, sondern aus ausgehaltenen Unmöglichkeiten. Spielraum ist, wo ich in den Unmöglichkeiten und Ausweglosigkeiten da bin und *Ihm* zutraue, daß *Er* da ist.

Wir haben ein ziemlich perfektes System entwickelt, um solche Ausweglosigkeiten möglichst zu vermeiden, vor Katastrophen gesichert und auf Unvorhergesehenes vorbereitet zu sein. Das muss so sein, das ist unsere Menschenpflicht. Doch wehe, wenn das alles ist, wenn sich das Leben nur im Ausschöpfen und Anwenden bereitgestellter Möglichkeiten erschöpft. Für das Ereignis, für das Neue wären wir so gerade nicht bereit, und wenn dann doch das Unerwartete hereinbricht, fallen wir in Panik und Ratlosigkeit. Wir haben keinen Spielraum mehr.

Glaube geschieht aus dem Wunder, und das Wunder ist das Unmögliche, und das Unmögliche geschieht eben nur dort, wo wir am Ende sind:
Aporie.
Aporie: nicht billig auflösen,
Aporie: nicht ausweichen, sondern dasein, wo *ich* am Ende bin,
dasein, wo die oder der andere am Ende ist,
dasein, wo unser Latein am Ende ist,
dasein, so daß *Er* wirken kann.

In der Aporie ist der entscheidende Ort. In der Aporie hat er uns erlöst, dort, wo er ohnmächtig war,
dort, wo er keine Wunder mehr wirkte,
dort, wo er nur seine Gottverlassenheit in den Vater hineinrief:
dort ist Sein Spielraum, der Spielraum der Erlösung.
Geben wir es uns selber und geben wir es einander zu, wo wir in
Aporien sind,
in Aporien mit den Menschen,
in Aporien mit der Gesellschaft,
in Aporien mit unserer Lebensgeschichte,
in Aporien mit den Kindern.
Aporien der Wissenschaft,
Aporien der Kirche,
Aporien unserer selbst.
Dort geht Sein Spielraum auf. Glaube ist verschenkter Unglaube,
Wunder ist verschenkte Unmöglichkeit.

Klaus Hemmerle

Sicherheit

Der beste Beweis für die Unsterblichkeit der Seele, dafür, dass es einen Gott gibt usw., ist eigentlich der Eindruck, den man davon in der Kindheit empfängt, also der Beweis, der zum Unterschied von jenen vielen Gelehrten und Hochtrabenden folgendermaßen bezeichnet werden könnte: das ist ganz sicher, denn mein Vater hat es mir gesagt.

Sören Kierkegaard

First things first

Grundsätzlich haben wir nicht viel einzuwenden
gegen Fegfeuer, Reinkarnation, Paradies.
Wenn es sein muß, bitte!
Vorläufig allerdings
haben wir andere Prioritäten.

Um das Katzenklo, den Kontostand
und die unhaltbaren Zustände auf der Welt
müssen wir uns unbedingt kümmern,
ganz abgesehen vom Internet
und von den Wasserstandsmeldungen.

Manchmal wissen wir nicht mehr,
wo uns der Kopf steht
vor lauter Problemen.
Immerzu stirbt jemand,
dauernd wird jemand geboren.

Da kommt man gar nicht richtig dazu,
sich Gedanken zu machen
über die eigene Unsterblichkeit.
Erst einmal ein rascher Blick
in den Terminkalender,

dann sehen wir weiter.
bei IHM.

Hans Magnus Enzensberger

Die Antwort

Pfingsten 1961

Ich weiß nicht, wer – oder was – die Frage stellte. Ich weiß nicht, wann sie gestellt wurde. Ich weiß nicht, ob ich antwortete. Aber einmal antwortete ich *ja* zu jemandem – oder zu etwas.

Von dieser Stunde her rührt die Gewißheit, daß das Dasein sinnvoll ist und daß darum mein Leben, in Unterwerfung, ein Ziel hat.

Seit dieser Stunde habe ich gewußt, was das heißt, „nicht hinter sich zu schauen", „nicht für den anderen Tag zu sorgen".

Geleitet durch das Lebenslabyrinth vom Ariadnefaden der Antwort, erreichte ich eine Zeit und einen Ort, wo ich wußte, daß der Weg zu einem Triumph führt, der Untergang, und zu einem Untergang, der Triumph ist; daß der Preis für den Lebenseinsatz Schmähung und daß tiefste Erniedrigung die Erhöhung bedeutet, die dem Menschen möglich ist. Seither hat das Wort Mut seinen Sinn verloren, da ja nichts mir genommen werden konnte.

Dag Hammarskjöld

Geheimnis

Ut inventus quaeratur, immensus est
„Damit er auch als Gefundener noch gesucht werde, dazu ist er unendlich."

Augustinus

*

Vom absoluten Geheimnis: „Nicht das Vielwissen sättigt die Seele, sondern das Verkosten der Dinge von innen her".

Ignatius von Loyola

Adoro te devote

Adoro te devote, latens deitas.
Quae sub his figuris vere latitas;
Tibi se cor meum totum subjicit,
Quia te contemplans totum deficit.

Visus, gustus, tactus in te fallitur,
Sed auditu solo tuto creditur;
Credo, quidquid dixit dei filius,
Nil hoc verbo veritatis verius.

In cruce latebat sola deitas,
Sed hic latet simul et humanitas;
Ambo tamen credens atque confitens
Peto, quod petivit latro poenitens.

Plagas sicut Thomas non intueor,
Deum tamen meum te confiteor,
Fac me tibi semper magis credere,
In te spem habere, te diligere.

O memoriale mortis domini,
Panis vivus, vitam praestans homini:
Praesta meae menti de te vivere.
Et te illi semper dulce sapere.

Pie pelicane, Jesu Domine,
Me immundum munda to sanguine,
Cujus una stilla salvum facere
Totum mundum quit ab omni scelere.

Jesu, quem velatum nunc aspicio,
Quando fiet istud, quod jam sitio,
Ut, te revelata cernens facie,
Visu sim beatus tuae gloriae

Thomas von Aquin

Ich bete Dich ergeben an

Ich bete dich ergeben an, verborgene Göttlichkeit,
Die sich unter diesen Zeichen wahrhaftig verbirgt;
Dir unterwirft sich mein ganzes Herz,
Weil es, dich betrachtend, gänzlich unvollkommen ist.

Sehen, Geschmack, Gefühl täuschen sich in dir,
Aber allein das Gehörte wird sicher geglaubt.
Ich glaube das, was der Sohn Gottes sagte;
Nichs kann wahrer als das Wort der Wahrheit sein.

Am Kreuz war bloß das Göttliche verborgen,
Doch hier verbirgt sich auch das Menschliche;
Dennoch beides glaubend und bezeugend
Bitte ich um das, was der reuige Schächer erbat.

Wunden kann ich nicht wie Thomas anschauen,
Dich, meinen Gott, bekenne ich dennoch.
Mach, dass ich dir immer mehr glaube,
Auf dich meine Hoffnung setze, dich liebe.

O Andenken an den Tod des Herrn,
Lebendiges Brot, dem Menschen Leben gebend:
Gib meiner Seele, dass sie aus dir lebt
Und dass du ihr immer köstlich schmeckst.

Liebender Pelikan, Herr Jesus,
Mich Unreinen reinige durch dein Blut,
Von dem ein Tropfen die ganze Welt
Von allem Bösen heilen kann.

Jesus, den ich jetzt verhüllt betrachte,
Wann wird es geschehen, wonach ich nunmehr dürste:
Dass ich, dein unverhülltes Gesicht schauend,
Durch diesen Anblick deiner Herrlichkeit selig bin.

Thomas von Aquin, übersetzt von Thomas Sternberg

Vollkommenheit

Du unser Herrscher,
höchste Macht,
höchste Güte,
die Weisheit selbst,
ohne Anfang und ohne Ende.
Deine Vollkommenheit hat keine Grenzen,
sie ist unendlich
und übersteigt alles Verstehen,
ein Abgrund an Wundern.
Du Schönheit,
die alle Schönheit in sich birgt!
Du Inbegriff der Stärke!
O Gott, ich weiß,
daß unser Wissen nur Nichtwissen ist.
Aber wie sehr wünschte ich mir
Alle Wissenschaft und Beredsamkeit der Welt,
damit ich, soweit es in diesem Leben möglich ist,
auch nur eine deiner vielen Eigenschaften
recht verstehen und erklären könnte,
damit wir wenigstens etwas
vom Wesen des Herrn, unseres höchsten Gutes,
erkennen könnten.

Teresa von Avila

Kuhaugen

Aber manche Leute wollen Gott mit den Augen ansehen, mit denen sie eine Kuh ansehen und wollen Gott lieben, wie sie eine Kuh lieben. Die liebst du wegen der Milch und des Käses und deines eigenen Nutzens. So halten's alle jene Leute, die Gott um äußeren Reichtums oder inneren Trostes willen lieben; die aber lieben Gott nicht recht, sondern sie lieben ihren Eigennutz. Ja, ich sage bei der Wahrheit: Alles, worauf du dein Streben richtest, was nicht Gott in sich selbst ist, das kann niemals so gut sein, daß es dir nicht ein Hindernis für die höchste Wahrheit ist.

Meister Eckhart

Wunsch

Von den verkürzten Aufenthalten
das Schweigen zu erlernen,
von den dunklen Hölzern,
den ungenützten Zwischenräumen,
von den Mädchen in ihren weißen Kleidern,
Säulen aus Staub, die Tempel tragen,
den Türen im zitternden Spiegel.

Ilse Aichinger

Beweis

Nicht als müssten wir uns mit einer undefinierbaren Ahnung vom Geheimnis zufrieden geben, als dürften wir keinerlei Hoffnung hegen, je denkend etwas von ihm zu erfassen, als hätten wir uns jeden schlüssigen Beweis für sein Dasein zu versagen. Durchaus nicht. Ein Beweis, der nur eine logische Schlussfolgerung ist, bleibt immer blutlos und lückenhaft, er reicht nicht bis ans Sein heran; er stößt das Denken nicht ausweglos vor die ausweglose Wirklichkeit. Ein Beweis dagegen, der der Urbewegung des ganzen Lebens entspringt; ein Beweis, der nichts anderes ist als das Tun in seiner ganzen Fülle, hat diese zwingende Macht. Weil er der Dynamik des Tuns entstammt, behält er notwendig auch seine Durchschlagskraft. ...

Nicht das müssen wir wissen, ob dieses „Eine Notwendige" das blutlose Ergebnis einer Syllogismenkette ist, sondern ob es auch als lebendige Wahrheit in die Entfaltung unseres Tuns und Strebens eingehen kann. Denn entscheidender als der Begriff, mit dem wir es definieren, ist der Weg, der uns unausweichlich dazu geführt hat, dieses „Eine Notwendige" unserem Tun zum Ziel zu setzen, als ein Ziel, das unserem Tun immer unerreichbar bleibt, auch dann noch, wenn es ihm schon gegenwärtig ist. Ohne seinen Namen und sein Wesen zu kennen, können wir sein Nahen ahnen und sozusagen spüren, wie es uns anrührt – wie einer im Dunkel der Nacht die Schritte seines nahenden Freundes hört und seine Hand streift, und ihn doch nicht erkennt.

Maurice Blondel

Hymne an Gott

O Du, Jenseitiger von allem – ist dies hier nicht alles, was man von Dir singen kann?
Welcher Hymnus wird die Dir gemäße Sprache finden? Kein Wort drückt Dich aus.
Woran soll der Geist sich festhalten? Du überragst allen Verstand.
Du allein bist unaussprechlich, denn alles, was aussagbar ist, ist aus dir hervorgegangen.
Du allein bist unerforschlich, denn alles, was sich denken läßt, ist aus Dir hervorgegangen.
Alle Wesen, ob sie reden oder schweigen, bezeugen Dich.
Alle Wesen, ob sie denken oder nicht denken, erweisen Dir Ehre.
Das Sehnen des Alls, das Seufzen des Alls, es steigt auf zu Dir.
Alles, was ist, betet zu Dir, und zu Dir läßt jedes Wesen, das deine Welt denkt, einen Hymnus des Schweigens aufsteigen.
Alles, was bleibt, bleibt durch Dich; durch Dich dauert die Bewegung des Alls.
Du bist aller Wesen Ziel; Du bist jedes Wesen, und doch bist Du kein einziges davon.
Du bist kein einzelnes Seiendes, Du bist nicht ihre Gesamtheit.
Dir gebühren alle Namen, doch wie soll ich Dich nennen, Du, den man nicht nennen kann?
Welcher himmlische Geist vermag die Nebel zu durchdringen, die selbst den Himmel bedecken?
Hab Erbarmen
O Du, jenseits von allem – ist dies nicht alles, was man von Dir singen kann?

Henri de Lubac

Amor und Psyche

Ein Mädchen liebt einen Unbekannten und sehnt sich jahrelang beständig nach ihm. In einer finsteren Nacht kommt er und vermählt sich mit ihr. „Darf ich dich sehen?“ „Unser Sohn wird der Spiegel sein, in dem du mich sehen wirst.“ Und wenn nun dieser nächtliche unsichtbare Liebhaber ein Gott, – wenn er Gott selber wäre?

Hans Urs von Balthasar

Das Dunkle enthüllen

Wer sich also Dein Angesicht zu schauen anschickt, der ist, solange er etwas begreift, von Deinem Angesicht weit entfernt ... Enthüllt wird das Angesicht nicht geschaut, solange man nicht über alle Angesichte hinaus in eine Art geheimes und verborgenes Schweigen eintritt, wo es kein Wissen und keinen Begriff eines Angesichts gibt. Das Dunkel, der Nebel, die Finsternis oder Unwissenheit, in die er gerät, der Dein Angesicht sucht, wenn er alles Wissen und jeden Begriff übersteigt, ist nämlich derart, dass man dein Angesicht diesseits nur verhüllt finden kann. Eben das Dunkle aber enthüllt, dass dort ein Angesicht ist über aller Verhüllung ... Als je größer er also das Dunkel erkennt, umso wahrer erreicht er im Dunkel das unsichtbare Licht.

Nikolaus von Kues

Immer geht die Hand des andern mit

Die grossen Spaziergänge

Die großen Spaziergänge, auf denen wir
nicht ins leere greifen

Immer geht die hand des andern mit

Reiner Kunze

Mein Alltag und dein Tag

In der Auskehr in die Welt muss ich einkehren zu dir, in allem dich, den einen, haben. Aber wie wird mein Alltag zu deinem Tag? Mein Gott, nur durch dich! Nur durch dich kann ich in der Vielfalt der Tagesarbeit ein „inniger" Mensch sein. Nur durch dich bin ich in mir bei dir, wenn ich ausgehe, um bei den Dingen zu sein. Nicht die Angst und das Nichts und nicht der Tod befreien mich von der Verlorenheit an die Dinge der Welt, sondern nur deine Liebe, die Liebe zu dir, du aller Dinge Ziel und Zug, du Sättigung, dir selbst genug.

Deine Liebe, mein unendlicher Gott, die Liebe zu dir, die durch alle Dinge hindurch, mitten durch ihr Herz hindurch sich über sie hinausschwingt in deine unendlichen Weiten hinein, und alle die verlorenen Dinge noch mitnimmt als den Lobgesang deiner Unendlichkeit. Vor dir wird alle Vielheit eins, alle Ausgegossenheit ist in dir gesammelt, alle Äußerlichkeit wird in deiner Liebe noch innig. In deiner Liebe wird alle Auskehr in den Alltag Einkehr in deine Einheit, die das ewige Leben ist.

Aber diese Liebe, die den Alltag – Alltag sein lässt und ihn doch wandelt zu einem Einkehrtag in dich, kannst nur du mir geben. Was habe ich also dir zu sagen in dieser Stunde, da ich mich, den Alltäglichen, vor dein Angesicht bringe? Nur eine Bitte habe ich zu stammeln um deine gewöhnlichste Gabe, die deine höchste ist, um deine Liebe. Rühr mein Herz mit deiner Gnade an. Laß mich, wenn ich nach den Dingen dieser Welt greife in Freude oder in Schmerz, durch sie hindurch dich, ihrer aller ureinen Grund begreifen und lieben. Der du die Liebe bist, gib mir die Liebe, dich, damit alle meine Tage einmal einmünden in den einen Tag deines ewigen Lebens.

Karl Rahner

Achtung vor dem Wort

Achtung vor dem Wort ist die erste Forderung in der Disziplin, durch welche ein Mensch zur Reife erzogen werden kann – intellektuell, im Gefühl und sittlich.

Achtung vor dem Wort – seinem Gebrauch in strengster Sorgfalt und in unbestechlicher innerer Wahrheitsliebe –, das ist auch die Bedingung des Wachstums für Gemeinschaft und Menschengeschlecht. – Das Wort mißbrauchen, heißt die Menschen verachten. Das unterminiert die Brücken und vergiftet die Quellen. So führt es uns rückwärts auf der Menschwerdung langem Weg.

Dag Hammarskjöld

Beziehung

Der Mensch wird am Du zum Ich. Gegenüber kommt und entschwindet, Beziehungsereignisse verdichten sich und zerstieben, und im Wechsel klärt sich, von Mal zu Mal wachsend, das Bewußtsein des gleichbleibenden Partners, das Ichbewußtsein. Zwar immer noch erscheint es nur im Gewebe der Beziehung, in der Relation zum Du, als Erkennbarwerden dessen, das nach dem Du langst und es nicht ist, aber immer kräftiger hervorbrechend, bis einmal die Bindung gesprengt ist und das Ich sich selbst, dem abgelösten, einen Augenblick lang wie einem Du gegenübersteht, um alsbald von sich Besitz zu ergreifen und fortan in seiner Bewußtheit in die Beziehungen zu treten.

Martin Buber

Verzweiflung

So wie die Landschaft nicht über die Landschaft nachdenkt
so wie der Schimmel nicht über den Schimmel nachdenkt
so wie der Sommer nicht über den Sommer nachdenkt
so wie die Schnelligkeit nicht über die Schnelligkeit nachdenkt
und das Ungeschick und die Scham nicht über sich selbst

so kommt der Wind immer von anderswo her
so kommt Hilfe zu Hilfe heischender Zeit
so denkt die Verzweiflung nicht über sich selber nach.

Kim Suyŏng

Freunde

Freunde braucht man hauptsächlich, um frecher, nämlich mehr man selbst zu werden. Vor ihnen übt man seine Prahlereien, seine Eigenmächtigkeiten, seine Eitelkeiten; vor ihnen gibt man sich schlechter und besser, als man wirklich ist. Da schämt man sich keiner Unwahrheit: der Freund, der einen kennt, weiß, wie wahr sie werden könnte. Die allgemeinen Regeln und Gebräuche, denen man sonst zu folgen hat, langweilen den Freund, der sie in ordentlichen Augenblicken seines Lebens genau so gut ausübt wie man selbst. So lange er mit einem ist, will er davon absehen: die Freiheit, die er einem gönnt, gibt man ihm zurück. Er ist es sehr zufrieden, auch er wird gern er.

Elias Canetti

Fremder

Wie gerne würde ich mir als Fremder einmal zuhören, ohne mich zu erkennen, und später erst erfahren, daß ich es war.

Elias Canetti

Gespräch

Das echte Gespräch, und so jede aktuale Erfüllung der Beziehung zwischen Menschen, bedeutet Akzeptation der Anderheit. Wenn zwei Menschen einander ihre grundverschiedenen Meinungen über einen Gegenstand mitteilen, jeder in der Absicht, seinen Partner von der Richtigkeit der eignen Betrachtungsweise zu überzeugen, kommt im Sinn des Menschseins alles darauf an, ob jeder den andern als den meint, der er ist, bei allem Einflußwillen also ihn doch in seinem Dieser-Mensch-sein, in seinem So-beschaffen-sein rückhaltlos annimmt und bestätigt. Die Strenge und Tiefe der menschlichen Individuation, das elementare Anderssein des Andern, wird dann nicht bloß als notwendiger Ausgangspunkt zur Kenntnis genommen, sondern von Wesen zu Wesen bejaht. Einflußwille bedeutet dann nicht die Bestrebung, den andern zu ändern, ihm meine eigne „Richtigkeit" einzupfropfen, sondern die, das als richtig, als recht, als wahr Erkannte, das ja eben darum auch dort, in der Substanz des andern angelegt sein muss, dort, eben durch meinen Einfluß, in der der Individuation angemessenen Gestalt aufkeimen und erwachsen zu lassen. Diesem steht die Verwendungssucht gegenüber, von der besessen der „Propagierende" und „Suggerierende" in seinem Verhältnis zu den Menschen als in einem Verhältnis zu Dingen beharrt, und zwar zu Dingen, zu denen er nie in Beziehung treten wird, ja die er ihres Distanzseins und ihrer Selbständigkeit zu berauben beflissen ist.

Menschentum und Menschheit werden in echten Begegnungen. Da erfährt der Mensch sich vom Menschen nicht etwa bloß begrenzt, auf die eigne Endlichkeit, Partialität, Ergänzungsbedürftigkeit hingewiesen, sondern das eigne Verhältnis zur Wahrheit wird ihm durch des andern individuationsmäßig verschiedenes, verschieden zu keimen und zu wachsen bestimmtes Verhältnis zur selben Wahrheit erhöht. Es ist den Menschen not und ist ihnen gewährt, in echten Begegnungen einander in ihrem individualen Sein zu bestätigen; aber darüber hinaus ist ihnen not und gewährt, die Wahrheit, die die Seele sich erringt, der verbrüderten andern anders aufleuchten und eben so bestätigt werden zu sehn.

Martin Buber

Gefangen

Ein Mensch ist in seinem Zimmer gefangen, wenn die Tür unversperrt ist, sich nach innen öffnet; er aber nicht auf die Idee kommt zu ziehen, statt gegen sie zu drücken.

Ludwig Wittgenstein

Morgens und abends zu lesen

Der, den ich liebe
Hat mir gesagt
Daß er mich braucht.
Darum
Gebe ich auf mich acht
Sehe auf meinen Weg und
Fürchte von jedem Regentropfen
Daß er mich erschlagen könnte.

Bertolt Brecht

Dialog

Kulturen können streng genommen keine Dialoge führen. Das können nur Menschen. Je besser diese Menschen in der Lage sind, nicht nur über ihre eigene Kultur Auskunft zu geben, sondern sich auch in andere hineinzudenken, umso besser sind sie im Stande, einen solchen Dialog zu führen. [...]

Der Dialog der Kulturen ist zu einer selbstverständlichen Forderung geworden. Doch gerade bei scheinbaren Selbstverständlichkeiten, gerade dann, wenn etwas allen plausibel erscheint, ist es oft wichtig, noch einmal nachzufragen.

Was kann man unter Dialog der Kulturen eigentlich verstehen? Zunächst: Einen wirklichen Dialog kann man nur führen, wenn die beteiligten Partner sich gegenseitig wirklich ernst nehmen. Er kann nur beginnen, wenn das Bewusstsein und das Gefühl gleichen Wertes und gleicher Würde vorhanden ist.

Der Starke führt mit dem Schwachen in der Regel keinen Dialog, sondern versucht ihn zu verdrängen oder ihm seine Weltsicht aufzudrängen. Der Schwache wiederum führt mit dem Starken keinen Dialog, sondern er igelt sich ein und versucht alles festzuhalten, was er irgendwie festhalten kann. Das sind psychologische und soziologische Gesetze, die kein Appell an guten Willen außer Kraft setzten kann.

Das bedeutet auch, holzschnittartig gesagt: Arm und Reich führen keinen Dialog der Kulturen, sondern müssen um konkreten politischen und wirtschaftlichen Ausgleich ringen. Ein Dialog der Kulturen setzt Gerechtigkeit oder gerechte Verhältnisse voraus, zumindest aber den Willen und die Fähigkeit, sie anzustreben.

Johannes Rau

Junger Interpret

Zwischen den tasten wuchsen ihm veilchen
und er trennte sich von ihr

So streng feilt er am lauf seiner finger
wie an einem schlüssel

Einmal aber wird er nicht weiterwissen
obwohl er die noten weiß und nichts ihn ablenkt
nicht einmal
ein duft

Er wird zu ahnen beginnen
daß der schlüssel zu letzter einfachheit
unendliche nähe ist

Ohne Anna Magdalena
kein Notenbüchlein

Reiner Kunze

Strandgänger

Noch immer
über dem Schilfland
die Mittagsflamme, über
der Düne
noch immer nicht
das Rauschen der Schwäne, noch immer
das Salzkraut
lautlos,
die Hände im Sand.

Wenn das Sternzeichen fliegt
über dem Sund,
Eis an den Flügeln,
die Wälder aus Grillenstimmen
heraufgehn
über die Öde,
mit hohlen Mündern reden
hinab auf die See –

ich hör dich kommen, du trittst
aus deinen Schatten, wirfst
von der Schulter die Last
Schwemmholz, aus der Hand
huscht dir ein Feuer.

Dich werd ich fragen:
Wie heiß ich?
Wo bin ich?
Wie lang noch
bleib ich hier?

Johannes Bobrowski

Spiegel

Im Spiegel ist kein Laut.
Eine stillere Welt gibt es wohl nirgends.

Auch im Spiegel habe ich Ohren.
Zwei meine Sprache nicht verstehende armselige Ohren.

Im Spiegel bin ich Linkshänder.
Ein Linkshänder, der mir die Hand nicht geben kann, der keinen Handschlag kennt.

Des Spiegels wegen kann ich mein Spiegelich nicht berühren
Doch wie könnte ich ohne Spiegel ein Spiegelich berühren.

Ich bin zwar jetzt ohne Spiegel, doch im Spiegel ist immer mein Spiegelich.
Vermutlich ist es vertieft in krumme Machenschaften.

Mein Spiegelich ist mein Gegenteil und mir doch so ähnlich.
Meinem Spiegelich kann ich nicht helfen und es nicht untersuchen, das vermisse ich sehr.

Yisang

Du legst dein Licht in allen Farben

Du legst dein Licht in allen Farben
um meine weiße Einsamkeit.
Ich fühle sie an meinen Narben
wie Balsam einer leichten Zeit.

Die Rosen starben meinem Leben,
das sich verschloß vor jeder Hand.
Da kommt dein reines, reiches Geben
in mein verschollnes Trauerland.

Du krönst mein Leid mit Sterndemanten,
und Sonnen deiner jungen Glut
entzünden wieder rot mein Blut.

So ist vielleicht das Blühn entstanden:
Von Gott geküßt, im Ding entbrannt,
und von den Engeln Licht genannt.

Rose Ausländer

Beunruhigung

Von Gott nicht mehr loskommen können, das ist die dauernde Beunruhigung jedes christlichen Lebens. Wer sich einmal auf ihn einließ, wer sich einmal von ihm überreden ließ, der kommt nicht mehr los. Wie ein Kind nicht mehr loskommt von seiner Mutter; wie ein Mann nicht mehr loskommt von der Frau, die er liebt. Zu wem er einmal geredet hat, der kann ihn nicht mehr ganz vergessen. Den begleitet er immerfort, im Guten und im Bösen. Den verfolgt er wie der Schatten den Menschen. Und diese dauernde Nähe Gottes wird dem Menschen zu viel, zu groß, geht ihm über seine Kraft. Und er denkt wohl manchmal: O, hätte ich es nie mit Gott angefangen. Es ist zu schwer für mich. Es zerstört mir den Frieden meiner Seele und mein Glück. – Aber das nützt ihm alles nichts mehr. Er kann nicht mehr los. Und nun muß er hindurch mit Gott, es komme, was da wolle. Und wenn er meint, er könne es nicht mehr ertragen, er müsse sich selbst ein Ende machen, dann weiß er doch auch wieder, daß er auch so nicht mehr loskommt von dem Gott, auf den er sich einließ, von dem er sich hat überreden lassen. Er bleibt sein Opfer, in seinen Händen.

Dietrich Bonhoeffer
Predigt zu Jer 20,7 (21.1.1934)

Bescheiden

Wer sich in den Nicht-Glauben nicht ernsthaft versetzt, kann ihn nicht bestreiten, heute jedenfalls nicht. In christlicher Sicht mag man das Verstummen der Frage nach Unsterblichkeit als eine seelische Katastrophe betrachten, wohl gar als ein Geheimnis der Finsternis; das ewige Leben wird erlangen, wer Gott aus ganzer Seele liebt und den Nächsten wie sich selbst. Aber auch diese Bezogenheiten richten sich an eine ganz bestimmte seelische Gegebenheit. Kann der nur Gott lieben aus ganzer Seele, der das ewige Leben will: Liebt er Gott um dieses Lebens willen? Kann nur der den Nächsten lieben wie sich selbst, der Gott liebt? – Ist nicht eine Existenz möglich, die diese Beziehungen nicht zu leisten vermag, wenigstens nicht zugleich, die Gott liebt, aber das Leben nicht sucht, die den Nächsten liebt, aber vielleicht nicht Gott und nicht das Leben?

Ich fühle, daß solche Fragen mich isolieren und die Menschen enttäuschen oder verletzen, die nicht ein wenig von mir hielten oder Trost suchen, ohne bekümmert zu sein. Die Theologie kann solche Probleme auflösen, vernichten, nicht aber den Lebensgehalt, die Daseinserfahrung, die ihr Wurzelgrund sind. Man kann die Pilze abräumen, die ja nur Fruchtkörper sind; oder sie vermodern in ihrer Vergänglichkeit; aber das Fadengeflecht unter der Erde stirbt darum nicht. Es hat sich um meine Wurzel geschlungen, zieht das Wasser aus der Erde und leitet es ihnen zu. Es gibt eine Abgrenzung der Existenz, die keine Verneinung, keine Verleugnung ist, viel eher leidensbewußte Begnügung, Bescheidenheit.

Reinhold Schneider

In der Gegenüberstellung von dem, was „keinen Preis hat“, und dem Marktwert ist es also die Idee dessen, was keinen Marktwert besitzt, die es uns erlaubt, die Problematik der wechselseitigen Anerkennung, wie sie sich durch das Geschenk ausdrückt, neu aufzugreifen. Das Geschenk hat keinen Preis. Nicht, daß es nichts gekostet hätte, aber im Akt des Austauschens von Geschenken steht es nicht für seinen Preis. Er ist das, was „keinen Preis hat“. Nur in Erfahrungen, die nicht bereits durch die Marktmechanismen infiltriert sind, kann es die Möglichkeit des Geschenks als Pfand und Stellvertreter einer wechselseitigen Anerkennung überhaupt erst geben.

Was ich damit schlicht sagen möchte, ist Folgendes: Unter dieser Perspektive müßten wir also innerhalb der Verpflichtung zur Gegengabe die Verdopplung der ersten, auf Freigebigkeit beruhenden Gabe genauer untersuchen; also das Zurückgeben wie eine zweite erste Gabe betrachten. Denn es ist die Ansteckung der ersten, freigebigen Gabe, die eine Schuld ohne Verpflichtung und ohne Verschulden hervorbringt. Folglich besteht auch der eigentliche Akt nicht in einem Geben-Zurückgeben, sondern im Empfangen, denn in der Art und Weise, wie man empfängt, zeigt sich, wie der Schenkende anerkannt wird; und in der Großzügigkeit des Empfangens findet sich derjenige, der zurückgibt, überhaupt erst in den Zirkel der Gegenseitigkeit hineingenommen. Und hier kommen wir wieder auf die Agape zurück, wie zu einer Gabe ohne Wiederkehr: Zurückgeben meint hier in gewisser Weise ein Sein in der Wiederholung des Gebens ohne Wiederkehr.

Diese Betrachtungen über die Gabe stellen keineswegs ein „happy end“ dar für ein Unternehmen, das in erster Linie seine Aufmerksamkeit auf die Idee des Kampfes um Anerkennung richtet. Diese Durchquerung einer realen Erfahrung wechselseitiger Anerkennung schafft nur so etwas wie eine Ruhepause, einen Haltepunkt und eine Art Lichtung. Mit Hilfe von Erfahrungen, die ich festliche Erfahrungen nenne, in denen die Gabe die vom Markt diktierten Beziehungen außer Kraft setzt, gelangen wir zu der festen Überzeugung, daß wir nicht vergeblich um die Anerkennung kämpfen.

Paul Ricœur

*

Von Mensch zu Mensch

Nun, da du fort bist, scheint mir alles trübe.
Hätt' ich's geahnt, ich ließe dich nicht gehn.
Was wir vermissen, scheint uns immer schön.
Woran das liegen mag –. Ist das nun Liebe?

Mascha Kaléko

Dank

Deshalb sage ich Dir Dank, mein Gott, weil Du mir eröffnest, daß es keinen anderen Weg des Zugangs zu Dir gibt, als den, der alle Menschen, auch den gelehrtesten Philosophen, gänzlich unzugänglich und unmöglich erscheint. Du hast mir ja gezeigt, daß Du nur dort gesehen werden kannst, wo Unmöglichkeit begegnet und entgegentritt ... So habe ich den Ort gefunden, an dem Du unverhüllt gefunden werden kannst. Er ist vom Ineinsfall der Gegensätze umgeben. Er ist die Mauer des Paradieses, in dem Du wohnst. Seine Pforte bewacht der höchste Geist des Verstandes. Wird dieser nicht besiegt, wird der Zugang nicht offen sein. Jenseits also des Ineinsfalls der Gegensätze wirst Du gesehen werden können, keinesfalls diesseits. Wenn also Unmöglichkeit Notwendigkeit ist, in Deinem Blick, so gibt es nichts, was Dein Blick nicht sieht.

Nikolaus von Kues

Zur Verantwortung berechtigt

Verantwortung

Sich binden lassen von einer Pflicht von dem Augenblick an, da man sie ahnt, ist ein Teil jener Integrität, die allein zur Verantwortung berechtigt.

Dag Hammarskjöld

*

Die Worte

Die Worte, die ich spreche
die Worte, die ich nicht spreche
die Worte, die ich höre
die Worte, die ich nicht höre
die Worte, die ich nähre
die Worte, die ich nicht nähre

Die Worte, die mich kauen
die Worte, die mich ätzen
die Worte, die mich auslassen
die Worte, die mich veranlassen
die Worte, die sich auf mich verlassen
die Worte, die ich verließ

teilen meine Haut
streiten um meine Zunge
zählen meine Zeit.

Paul Konrad Kurz

Der Ruf

Ich spüre, Herr, dass du mich rufst,
so viele Dinge, die mir dafür ein Zeichen sind,
ich spüre, dass ich dir dienen kann,
denn es gibt so viel zu tun und zu kämpfen.
Ich möchte diesen Ruf mit Liebe annehmen.

Du kennst mich, Herr,
Du kennst meine Grenzen und vielleicht erbitte ich zu viel.
Aber hier sind meine Hände, bereit, für dich da zu sein.
Wenn ich dir dienen kann, hier bin ich.
Ich möchte zu deinen Freunden gehören, mit denen
Du lebst, isst und sprichst,
aber mehr noch, ich möchte, dass sie in mir dein
liebevolles Antlitz sehen, voller Barmherzigkeit.

Lass mich nicht allein, Mutter Maria,
auf meinem Weg.
Führe mich zu deinem Sohn Jesus Christus,
zeige Du mir, wie ich ihm folgen kann,
sei immer an meiner Seite,
lass mich nie allein.

Domingo Hipólito Nolasco (Bolivien)

Ein Beginn

Es hilft, dann und wann zurückzutreten
und die Dinge aus der Entfernung zu betrachten.

Das Reich Gottes ist nicht nur jenseits unserer Bemühungen.
Es ist auch jenseits unseres Sehvermögens.
Wir vollbringen in unserer Lebenszeit
lediglich einen winzigen Bruchteil
jenes großartigen Unternehmens,
das Gottes Werk ist.

Nichts, was wir tun, ist vollkommen.
Dies ist eine andere Weise zu sagen,
dass das Reich Gottes je über uns hinausgeht.
Kein Vortrag sagt alles, was gesagt werden könnte.
Kein Gebet drückt vollständig unseren Glauben aus.
Kein Pastoralbesuch bringt die Ganzheit.
Kein Programm führt die Sendung der Kirche zu Ende.
Keine Zielsetzung beinhaltet alles und jedes.

Dies ist unsere Situation.
Wir bringen das Saatgut in die Erde,
das eines Tages aufbrechen und wachsen wird.
Wir begießen die Keime, die schon gepflanzt sind
in der Gewissheit, dass sie eine weitere Verheißung
in sich bergen.
Wir bauen Fundamente,
die auf weiteren Ausbau angelegt sind.

Wir können nicht alles tun.
Es ist ein befreiendes Gefühl,
wenn uns dies zu Bewusstsein kommt.
Es macht uns fähig, etwas zu tun
und es sehr gut zu tun.

Es mag unvollkommen sein,
aber es ist ein Beginn,
ein Schritt auf dem Weg,
eine Gelegenheit für Gottes Gnade,
ins Spiel zu kommen und den Rest zu tun.

Wir mögen nie das Endergebnis zu sehen bekommen,
doch das ist der Unterschied zwischen Baumeister und Arbeiter.

Wir sind Arbeiter, keine Baumeister.
Wir sind Diener, keine Erlöser.
Wir sind Propheten einer Zukunft,
die nicht uns allein gehört.

Oscar A. Romero

Aufmerksamkeit

Die Aufmerksamkeit ist eine Anstrengung, vielleicht die größte von allen, aber sie ist eine negative Anstrengung. Sie selbst ermüdet nicht. Wenn sich Ermüdungserscheinungen einstellen, wird die Aufmerksamkeit beinahe unmöglich, außer im Falle besonderer Geübtheit; dann ist es besser, nachzugeben, eine Entspannung zu suchen, und ein wenig später von neuem zu beginnen, sich loszulassen und wieder in die Gewalt zu nehmen, was ein- und ausatmet.

Zwanzig Minuten einer beharrlichen Aufmerksamkeit ohne Ermüdung sind von unendlich größerem Wert als drei Stunden jenes verbissenen Fleoßes mit gerunzelten Brauen, der uns hinterher mit dem befriedigten Gefühl der Pflichterfüllung sagen läßt: „Ich habe tüchtig gearbeitet." [...]

Die Aufmerksamkeit besteht darin, das Denken auszusetzen, den Geist verfügbar, leer und für den Gegenstand offen zu halten, die verschiedenen bereits erworbenen Kenntnisse, die man zu benutzen genötigt ist, in sich dem Geist zwar nahe und erreichbar, doch auf einer tieferen Stufe zu erhalten, ohne daß sie ihn berührten. Der Geist soll hinsichtlich aller besonderen und schon ausgeformten Gedanken einem Menschen auf einem Berge gleichen, der vor sich hinblickt und gleichzeitig unter sich, doch ohne hinzublicken, viele Wälder und Ebenen bemerkt. Und vor allem soll der Geist leer sein, wartend, nichts suchend, aber bereit, den Gegenstand, der in ihn eingehen wird, in seiner nackten Wahrheit aufzunehmen. Jeder Irrtum [...] kommt nur daher, daß der Geist sich voller Hast auf etwas stürzte und, so vorzeitig angefüllt, der Wahrheit nicht mehr zur Verfügung stand. Die Ursache ist immer, daß man aktiv sein wollte; daß man suchen wollte. [...]

Simone Weil

Compassion

Compassion ist auch Eingedenken vergangener Leiden und damit Protest gegen die Vergesslichkeit der modernen Freiheit. Was wäre denn, wenn sich die Menschen eines Tages nur noch mit der Waffe des Vergessens gegen das Unglück in der Welt wehren könnten, wenn sie ihr Glück nur noch auf das mitleidlose Vergessen der Opfer bauen könnten, also auf eine Kultur der Amnesie, in der allenfalls die Zeit alle Wunden heilt? Woraus würde sich dann noch der Aufstand gegen die Sinnlosigkeit der Leiden in der Welt nähren, was würde dann noch zur Aufmerksamkeit für das fremde Leid und die Vision einer neuen größeren Gerechtigkeit inspirieren? Was würde Freiheit noch kostbar machen? Die Compassion protestiert gegen einen Pragmatismus der Freiheit, der sich vom Leidensgedächtnis losgesagt hat und so zunehmend moralisch erblindet.

Johann Baptist Metz

*

„Gott suchen, das ist: nach Gutem streben; Gott finden, das ist: Gutes tun."

Leo Baeck

Gott meines Alltags

Meinen Alltag will ich vor dich tragen, Herr. Die langen Stunden und Tage, die von allem erfüllt sind, nur nicht von dir. Sieh auf diesen Alltag, mein milder Gott, der du dem Menschen barmherzig bist, dem Menschen, der fast nichts ist als Alltag; sieh auf meine Seele, die fast nichts ist als eine Straße, auf der der Troß dieser Welt endlos sich weiterwälzt mit seinen ungezählten Kleinigkeiten, mit seinem Gerede und Getue, seiner Neugier und seinem leeren Wichtigtun. Ist meine Seele vor dir und deiner unbestechlichen Wahrheit nicht wie ein Markt, auf dem von allen Winden die Trödler sich ein Stelldichein geben und den ärmlichen Reichtum dieser Welt verkaufen, wo in ewiger abstumpfender Unruhe ich, die Menschen und die Welt ihre Nichtigkeiten ausbreiten? Die Seele sei gleichsam alles, so habe ich einmal vor vielen Jahren als „Philosoph“ in der Schule gelernt. Ach, Gott, wie ganz anders musste ich nun dieses Wort erleben, als ich damals gedacht und geträumt hatte: meine arme Seele ist wie zu einem riesigen Speicher geworden, in den wahllos „alles“ von allen Seiten Tag für Tag eingefahren wird, bis er bis zum Dach mit Alltag gefüllt ist.

Was soll aus mir werden, mein Gott, wenn mein Leben so weitergeht? Wie wird mir sein in der Stunde, da aller Kram des Alltags plötzlich wieder auf einmal aus diesem Speicher hinausgefegt wird, wie wird mir sein in der Stunde meines Todes? Da wird kein Alltag mehr sein, da werde ich plötzlich von allem verlassen sein, was jetzt meine Tage und mein Leben erfüllt. Aber was werde *ich* selbst in dieser Stunde sein, wo ich nur mehr ich selber bin und sonst nichts mehr, was werde ich dann sein, der ich ein Leben lang nur Alltag war, Betrieb also und mit Geschwätz und Getue erfüllte Öde? Wenn einmal die lastende Wucht des Todes aus meinem Leben, aus all den vielen Tagen und langen Jahren unerbittlich ihren wahren Gehalt auspressen wird, was wird dann das Ergebnis sein? Mein Gott, wenn du barmherzig zu mir gewesen bist, dann werden in dieser großen Enttäuschung, die über die große Täuschung meines Alltags kommen wird, ein paar Augenblicke vielleicht der echte Rest eines unechten Lebens sein, ein paar Augenblicke, in die sich die Gnade deiner Liebe in einem Winkel meines vom Alltagströdel erfüllten Lebens eingeschlichen hatte.

Karl Rahner

Gebet

Herr, lehre mich beten,
wie die Schwalbe ihre Jungen fliegen lehrt,
wie die Ente ihre Küken schwimmen lehrt,
wie die Mutter ihr Kind sprechen lehrt.

Nimm von mir, Herr, meine Heuchelei:
Ich bete für die Hungernden,
bin aber nicht bereit mit ihnen zu teilen,
was du mir gegeben hast.
Ich bete für die Kranken,
nehme mir aber keine Zeit,
mich an ihr Bett zu setzen.
Ich bete um Freiheit von der Sünde,
bin aber nicht bereit andern zu sagen,
dass du der Befreier bist.

Lass meine Gebete ein Gefährt sein,
das uns aus der Dunkelheit der Zweifel
in das Licht der Erkenntnis bringt,
das uns aus dem Sumpf der Schwäche
auf den Felsen der Kraft trägt,
das uns aus der Wüste der Traurigkeit
auf die Weiden der Freude befördert.

Wenn ich mit dir über die Welt spreche,
ist das Gebet.
Wenn ich mit der Welt über dich spreche,
ist das Zeugnis.
Wenn ich den von dir empfangenen Segen
Mit anderen teile, ist das Liebe.

aus Indien

Salz

Die Existenz derer, die zu Jesus Christus gehören und seinen Namen tragen, ist vergleichbar mit dem Salz, mit dem wir unsere Speisen zubereiten, das auf unseren Tischen steht, das Geschmack und Würze verleiht. (...)

Mit ihrem Leben und Tun sollen die Christen Lichter der Hoffnung sein, die auf den verweisen, der von sich selber sagt: „Ich bin das Licht der Welt."

Wehe, wenn dieses Zeugnis der Christen fehlt, wehe auch, wenn es aufdringlich und triumphierend zur Schau gestellt wird. Wir haben nicht die Aufgabe, anderen das Leben zu versalzen, und wir brauchen ihnen auch nicht mit unserem Licht auf dem Leuchter so vor dem Gesicht herumzufackeln, daß es nur noch blendet.

Joachim Dauer

Die Kunst der kleinen Schritte

Ich bitte nicht um Wunder und Visionen, Herr, sondern um die Kraft für den Alltag. Lehre mich die Kunst der kleinen Schritte.

Mach mich findig und erfinderisch, um im täglichen Vielerlei und Allerlei rechtzeitig meine Erkenntnisse und Erfahrungen zu notieren, von denen ich betroffen bin.

Mach mich griffsicher in der richtigen Zeiteinteilung. Schenke mir das Fingerspitzengefühl, um herauszufinden, was erstrangig und was zweitrangig ist.

Laß mich erkennen, daß Träume nicht weiterhelfen, weder über die Vergangenheit noch über die Zukunft. Hilf mir das Nächste so gut wie möglich zu tun und die jetzige Stunde als die wichtigste zu erkennen.

Bewahre mich vor dem naiven Glauben, es müßte im Leben alles glatt gehen. Schenke mir die nüchterne Erkenntnis, daß Schwierigkeiten, Niederlagen, Mißerfolge, Rückschläge eine selbstverständliche Zugabe zum Leben sind, durch die wir wachsen und reifen.

Erinnere mich daran, daß das Herz oft gegen den Verstand streikt. Schick mir im rechten Augenblick jemand, der den Mut hat, mir die Wahrheit in Liebe zu sagen.

Du weißt, wie sehr wir der Freundschaft bedürfen. Gib, daß ich diesem schönsten, schwierigsten, riskantesten und zartesten Geschenk des Lebens gewachsen bin.

Verleihe mir die nötige Phantasie, im rechten Augenblick ein Päckchen Güte, mit oder ohne Worte, an der richtigen Stelle abzugeben.

Mach aus mir einen Menschen, der einem Schiff mit Tiefgang gleicht, um auch die zu erreichen, die „unten" sind.

Bewahre mich vor der Angst, ich könnte das Leben versäumen. Gib mir nicht, was ich mir wünsche, sondern was ich brauche.

Lehre mich die Kunst der kleinen Schritte.

Antoine de Saint-Exupéry

Von der Gerechtigkeit

Gerechtigkeit ist in der Schürze der Magd,
die abends verlaufene Küken einholt
und nachher am Hoftor das zuckende
Bündel dem Bauern reicht,
obwohl kein Fläumchen des Kissens,
auf dem sie schläft, ihr eigen.

Gerechtigkeit ist in der Hand des Hirten,
der zur Kirmes herabsteigt vom Berg
und an der Tafel, den Tänzern
vorbeigeht zur Futterkammer,
um Salz für die Schafe zu holen.

Gerechtigkeit ist im Korn,
das Drusch und Mahlstein erduldet,
die Faust des Bäckers, die finster
glühenden Schächte des Ofens
für den Hunger der Welt.

Christina Busta

Werkleute sind wir

Werkleute sind wir: Knappen, Jünger, Meister,
und bauen dich, du hohes Mittelschiff.
Und manchmal kommt ein ernster Hergereister,
geht wie ein Glanz durch unsre hundert Geister
und zeigt uns zitternd einen neuen Griff.

Wir steigen in die wiegenden Gerüste,
in unsern Händen hängt der Hammer schwer,
bis eine Stunde uns die Stirnen küßte,
die strahlend und als ob sie Alles wüßte
von dir kommt, wie der Wind vom Meer.

Dann ist ein Hallen von dem vielen Hämmern
und durch die Berge geht es Stoß um Stoß.
Erst wenn es dunkelt, lassen wir dich los:
Und deine kommenden Konturen dämmern.

Gott, du bist groß.

Rainer Maria Rilke

Vermächtnis

Ostern 1945

Meine lieben Kinder!

Ich werde nicht mehr lange leben und will nun von Euch Abschied nehmen. Das wird mir sehr schwer; denn ich habe jeden von Euch so sehr lieb, und Ihr habt mir immer nur Freude gemacht. Ich werde nun nicht mehr sehen, wie Ihr heranwachst und selbständige Menschen werdet. Ich bin aber ganz zuversichtlich, daß Ihr an Mamas Hand den rechten Weg geht und dann auch von Verwandten und Freunden Rat und Beistand finden werdet.

Liebe Kinder, ich habe viel gesehen und noch mehr erlebt. Meine väterlichen Erfahrungen können Euch aber nicht mehr leiten. Ich möchte Euch deshalb noch einiges sagen, was für Euer Leben wichtig ist, wenn Euch auch manches erst später aufgehen wird.

Haltet Eure Geschwister fest und immer fester zusammen. Daß Ihr so verschieden seid, ist jetzt noch manchmal der Anlaß zum Zank. Wenn Ihr älter seid, werdet Ihr dafür Euch um so mehr geben können. Mal ein Zank ist nicht so schlimm. Tragt ihn aber nicht mit Euch herum. Denkt an mich, und gebt Euch schnell wieder vergnügt die Hand. Helft Euch, wo Ihr könnt. Ist einer traurig oder mißmutig, kümmert Euch, bis er wieder heiter ist. Lauft nicht auseinander. Pflegt, was Euch zusammenführt. Spielt, singt und tanzt miteinander, wie wir es oft gemacht haben. Schließt Euch mit Euren Freunden nicht ab, wenn Ihr die Geschwister teilnehmen lassen könnt. Das festigt auch die Freundschaft. Ich trage an meiner rechten Hand den Ring, mit dem mich Mama glücklich gemacht hat. Es ist das Zeichen, daß ich ihr und Euch gehöre. Der Wappenring an meiner Linken mahnt an die Familie, der wir angehören, an die Vor- und Nachfahren. Er sagt:

Höre die Stimme der Vergangenheit. Verliere dich nicht selbstherrlich an die flüchtige Gegenwart. Sei treu der guten Art deiner Familie, und überliefere sie Kindern und Enkeln. Liebe Kinder, versteht nun diese besondere Verpflichtung recht. Die Ehrfurcht vor der Vergangenheit und die Verantwortung gegenüber der Zukunft geben fürs Leben die rechte Haltung. Haltet stolz zu Eurer Familie, aus der solche Kräfte wachsen.

Klaus Bonhoeffer

Religion und Vernunft

Wenn Terrorismus auch durch religiösen Fanatismus gespeist wird – und er wird es –, *ist dann Religion eine heilende und rettende, oder nicht eher eine archaische und gefährliche Macht,* die falsche Universalismen aufbaut und dadurch zu Intoleranz und Terror verleitet? Muss da nicht Religion unter das Kuratel der Vernunft gestellt und sorgsam eingegrenzt werden? Dabei stellt sich dann freilich die Frage: Wer kann das? Wie macht man das? Aber die generelle Frage bleibt: Ist die allmähliche Aufhebung der Religion, ihre Überwindung, als nötiger Fortschritt der Menschheit anzusehen, damit sie auf den Weg der Freiheit und der universalen Toleranz kommt, oder nicht?

Inzwischen ist eine andere Form von Macht in den Vordergrund gerückt, die zunächst rein wohltätig und allen Beifalls würdig zu sein scheint, in Wirklichkeit aber zu einer neuen Art von Bedrohung des Menschen werden kann. Der Mensch ist nun imstande, Menschen zu machen, sie sozusagen im Reagenzglas zu produzieren. Der Mensch wird zum Produkt, und damit verändert sich das Verhältnis des Menschen zu sich selbst von Grund auf. Er ist nicht mehr ein Geschenk der Natur oder des Schöpfergottes; er ist sein eigenes Produkt. Der Mensch ist in die Brunnenstube der Macht hinuntergestiegen, an die Quellorte seiner eigenen Existenz. Die Versuchung, nun erst den rechten Menschen zu konstruieren, die Versuchung, mit Menschen zu experimentieren, die Versuchung, Menschen als Müll anzusehen und zu beseitigen, ist kein Hirngespinst fortschrittfeindlicher Moralisten.

Wenn sich uns vorhin die Frage aufdrängte, ob die Religion eigentlich eine positive moralische Kraft sei, so muss nun der *Zweifel an der Verlässlichkeit der Vernunft* aufsteigen. Schließlich ist ja auch die Atombombe ein Produkt der Vernunft; schließlich sind Menschenzüchtung und -selektion von der Vernunft ersonnen worden. Müsste also jetzt nicht umgekehrt die Vernunft unter Aufsicht gestellt werden? Aber durch wen oder was? Oder sollten vielleicht Religion und Vernunft sich gegenseitig begrenzen und je in ihre Schranken weisen und auf ihren positiven Weg bringen? An dieser Stelle steht erneut die Frage auf, wie in einer Weltgesellschaft mit ihren Mechanismen der Macht und mit ihren ungebändigten Kräften wie mit ihren verschiedenen Sichten dessen, was Recht und was Moral ist, eine wirksame ethische Evidenz gefunden werden kann, die Motivations- und Durchsetzungskraft genug hat, um auf die angedeuteten Herausforderungen zu antworten und sie bestehen zu helfen.

Joseph Kardinal Ratzinger, Papst Benedikt XVI

*

Sei Du Dein, und ich werde Dein sein!

Nikolaus von Kues

Dilemma

wieviele Tyrannen
haben wir stürzen sehn
in einem halben Jahrhundert
wieviele Ideologien
sind über uns
weggefegt
wir wissen wohl
dass Macht zu gewinnen
von ihr besessen zu werden
in unüberbrückbare
Abgründe führt
in Gewalt
und erneutes Unrecht

und dass unser Glück wäre
machtlos zu sein
aber –

Heinz-Albert Heindrichs

Wer nach Glück fragt, kommt an kein Ende

Das letzte Wort

Der biblische Glaube (...) verheißt, dass es trotz aller intensiven diesseitigen Glücksbefriedigung Leben im Vollsinn nur in dem geben kann, was wir Gott nennen. Nur er gewährt eine Seligkeit, die immer größer ist als jeder menschliche Hunger, und die darum nicht stets neuer Sensationen und rasch wechselnder Interessen bedarf. Vielleicht versteht man von hier aus am besten die klassische Kennzeichnung, dass die Erfüllung des menschlichen Glücksstrebens „jenseitig" ist. Hier geht es um die Erreichung eines Zieles, das der menschlichen Sehnsucht entgegenkommt, sie jedoch zugleich unendlich übertrifft. Dieses Glücksstreben verachtet nicht die geschichtliche Erfahrung des Menschen. Es kennt die Härte der Geschichte, ja Gott hat in Jesus alle Schicksalsschläge der Menschen in sich aufgenommen. Da er aber in Anfeidung, Leid und sogar im Tod nicht untergegangen ist, hat er auch für das Leben der Menschen einen letzten Sinn gerettet. Auch das kleine, unvollkommene Glück macht nun nicht mehr heimlich traurig, sondern erweist sich als ein Gleichnis des immerwährenden Glücks. Die Gelassenheit weiß, dass auch dieses Glück nicht festgehalten werden kann. Glück kann unter den Bedingungen unserer Sterblichkeit nie fixiert und darum auch nie endgültig begrifflich festgelegt werden. Man kann oft eher negativ sagen, was es nicht bedeutet. So wird das wahre Verständnis von Glückseligkeit gewonnen, nämlich eine unaufhörliche Erfahrung mangelloser, leidloser Geborgenheit, die nicht mehr aufgehoben, gemindert oder genommen werden kann. In dieser Erfahrung wurzelt zugleich der klassische Begriff des Ewigen: Ewigkeit ist der zugleich ganze und vollkommene „Besitz" nie beendbaren Lebens. Die Schrift sagt es noch treffender: „Kein Ohr hat es je gehört, kein Auge hat es je gesehen, was Gott denen bereitet hat, die ihn lieben“ (1 Korinther 2,9).

Wer nach Glück fragt, kommt an kein Ende. Unser Leben ist darum auch ein einziger Roman von der Schwierigkeit, glücklich zu sein. Entscheidend ist, was wir dieser Schwierigkeiten eingedenk bleiben und sie immer wieder durchbuchstabieren. Nicht zuletzt dann haben wir die Chance, dass nicht die Enttäuschung, sondern das Glück das letzte Wort behält.

Karl Kardinal Lehmann

Windgeschenke

Die Luft ein Archipel
von Duftinseln.
Schwaden von Lindenblüten und sonnigem Heu,
süß vertraut,
stehen und warten auf mich
als umhüllten mich Tücher,
von lange her
aus sanftem Zuhaus
von der Mutter gewoben.

Ich hin wie im Traum
und kann den Windgeschenken
kaum glauben.
Wolken von Zärtlichkeit
fangen mich ein,
und das Glück beißt
seinen kleinen Zahn
in mein Herz.

Hilde Domin

Vollkommenheit

Ich habe kein Verlangen, vollkommen zu sein, wie der vollkommene Mensch vollkommen ist. Ich habe kein Verlangen, in mir dieses Polizei-Gewissen zu unterhalten, das alle Pfade belauert, um die Sünde zu ergreifen, die vorbeigeht. Ich habe keine Lust, diese geheiligte Strapaze auf mich zu nehmen, die Nacht und Tag mißt, ausrichtet, schneidet, stutzt, hobelt, kratzt, um aus einem Nußbaum, einem lebendigen Baum, eine richtige Sargplanke zu machen.

Ich möchte vollkommen sein, wie der Vater im Himmel vollkommen ist. In Ihm ist das Gesetz, aber in Ihm ist auch das Spiel. Sein Werk sind Seraphim, aber auch der Schmetterling. Es sind Himmel, Sterne, Gehorsam der Gestirne, aber auch Feuer, Wind und Launen der Wolken.

Er freut sich an Blumen. Zum Lachen hat er sich ausgedacht (was wäre zum Lachen, wenn nicht dies?) die Eichhornschwänze, die Pfauenfedern, die Storchenkrallen, die Elefantenrüssel, die Höcker der Kamele und Dromedare. Und wenn Er vielleicht Freude daran hat, daß ein heiliger Mönch nachts in der Versuchung sich geißelt, so segnet Er auch mit einem Lächeln das Zicklein, das tanzt, das Huhn, das ein Ei legt, und den Ziegenbock mit dem langen Bart, der auf sein Zicklein losgeht.

Ich möchte, daß meine Seele ebenso – wie mein Werk – Ordnung und Phantasie wäre.

Marie Noel

Wer zeigt uns das Glück?

Ich mag das Wort Glück sehr. Lange Zeit dachte ich, es sei entweder zu leicht oder zu schwierig, über das Glück zu sprechen, dann habe ich diese Zurückhaltung überwunden oder besser sie angesichts des Wortes Glück vertieft. Ich nehme es in der ganzen Vielfalt seiner Bedeutungen, einschließlich der in den Seligpreisungen. Die Glücksformel lautet: „Glücklich, wer ...". Ich sehe das Glück als ein Erkennen, ein Anerkennen, ein Wiedererkennen, im dreifachen Sinn des Wortes („reconnaissance"). Ich erkenne es als das Meine, ich erkenne es bei anderen an, und ich bin dankbar für das, was ich an Glück erfahren habe und an kleinen Glücksfällen der Erinnerung, um mich von den großen Unglücksfällen des Vergessens zu heilen. Hier bin ich gleichzeitig in der Rolle des an den Griechen geschulten Philosophen und des Lesers der Bibel und des Evangeliums, in denen man den Lauf des Wortes Glück verfolgen kann. Es sind wie zwei Stimmlagen: Das Beste der griechischen Philosophie liegt darin, über das Glück nachzudenken, das griechische Wort eudeimon, wie bei Plato und bei Aristoteles, und andererseits komme ich mit der Bibel sehr gut auf meine Kosten. Ich denke an den Anfang von Psalm 4: „Wer wird uns das Glück zeigen?" Das ist eine rhetorische Frage, die ihre Antwort jedoch in den Seligpreisungen findet. Und die Seligpreisungen sind der Horizont des Glücks in einem Leben, das im Zeichen der Güte steht, weil das Glück nicht nur das ist, was ich nicht habe, was ich einst zu haben hoffe, sondern auch, was ich davon gekostet habe.

Ich dachte kürzlich über die Gestalten des Glücks im Leben nach. Im Blick auf die Schöpfung, eine schöne Landschaft vor mir, liegt das Glück im Bewundern und Staunen. Als zweite Gestalt dann, im Blick auf die andern, im empfangenden Erkennen der anderen und gemäß dem Bild des Bräutlichen im Hohelied, liegt es in unbändiger Freude und als dritte Gestalt des Glückes, der Zukunft zugewandt, liegt es im Ausblick, in der Erwartung: ich erwarte noch etwas vom Leben. Ich hoffe, Mut für das Unglück zu haben, das ich nicht kenne, aber ich erwarte mir auch noch Glück. Ich verwende das Wort Erwarten; ich könnte auch ein anderes benützen, das aus dem ersten Korintherbrief stammt, aus dem Vers, der das berühmte Kapitel 13 über „die Liebe, die alles versteht, die alles entschuldigt“ einleitet. In diesem Vers heißt es: „Strebt nach der höchsten Gabe!“ „Strebt“, das ist das Glück drängenden Verlangens, welches das Glück unbändiger Freude und das Glück staunenden Bewunderns ergänzt. (...)

Paul Ricœur

Tanzen

Eines Tages, als du ein wenig Lust auf etwas anderes hattest,
Hast du den heiligen Franz erfunden
Und aus ihm deinen Gaukler gemacht.
An uns ist es, uns von dir erfinden zu lassen,
Um fröhliche Leute zu sein, die ihr Leben mit dir tanzen.

Um gut tanzen zu können – mit dir oder auch sonst,
Braucht man nicht zu wissen, wohin der Tanz führt.
Man muss ihm nur folgen,
Darauf gestimmt sein,
Schwerelos sein,
Und vor allem: man darf sich nicht versteifen.
Man soll dir keine Erklärung abverlangen,
Über die Schritte, die du zu tun beliebst,
Sondern ganz mit dir eins sein – und lebendig pulsierend
Einschwingen in den Takt des Orchesters, den du auf uns überträgst.
Man darf nicht um jeden Preis vorwärtskommen wollen.
Manchmal muss man sich drehen oder seitwärts gehen.
Und man muss auch innehalten können
Oder gleiten, anstatt zu marschieren.
Und das alles wären ganz sinnlose Schritte,
Wenn die Musik nicht eine Harmonie daraus machte.

Wir aber, wir vergessen sofort die Musik deines Geistes.
Wir haben aus unserem Leben eine Turnübung gemacht.

Madeleine Delbrêl

Frist

Und Sonne war und fiel heiß auf sie nieder
und fiel auf mich der ich doch bei ihr war.
Die Wellen gingen fort und kamen immer wieder
zurück voll Neugier zu dem nackten Paar.

Ein wenig Fleisch auf soviel Sandgehäufe
ein wenig Frist in ziemlich viel Unendlichkeit
ein wenig Leben und zwei Lebensläufe
darüber Sonne und darunter Dunkelheit.

Günter Kunert

Seit heute, aber für immer

Seit heute, aber für immer,
weiß ich: Die Erde ist wirklich warm -;
ich gebe der Nessel den Brand zurück
und dem Igel die Stacheln.
Seit heute ist alles mein Schutzpatron
und die ganze Welt eine Weidenwiege,
darin uns der Windstoß zusammenschaukelt
und unsren Atem verknotet.

Christine Lavant

*

Loslassen

Die Erkenntnis, daß man keine Macht über einen Menschen mehr hat, kann einen glücklich machen. Je intensiver man ihn beherrscht hat, umso größer wird dieses Glücksgefühl. Freiheit, so kommt es mir immer mehr vor, ist eine Freiheit *loszulassen,* ein Aufgeben von Macht.

Elias Canetti

Die Segnung

Rabbi Michal sagte einmal zu seinen Söhnen: „Mein Leben war damit gesegnet, daß ich nie eines Dings bedurfte, ehe ich es besaß."

Martin Buber

*

Frieden

Es gibt viele Menschen, die sich nur wenige Minuten am Tag dem innerlichen Gebet widmen. Und auch sie gelangen durch ein sinnvolles Engagement im Alltag und ein ausgewogenes Tun zur Freiheit des Geistes. Ohne darüber nachzudenken und zu reflektieren, schenkt sich ihnen dieses wünschenswerte Glück, das zu einer Art Glückseligkeit führt. Sie besitzen die höchste Freiheit, die man sich im Leben nur wünschen kann. Man darf sagen – da sie nichts mehr wünschen –, dass sie alles besitzen. Die Seele eines solchen Menschen, der vornehmlich durch sein Tun auf den Weg der Vollkommenheit gelangt ist, hat tiefen Frieden in sich gefunden. Er verlangt nichts für sich, Angst hat er überwunden, unabänderliches Leid verwirrt ihn nicht und auch durch große Freude gerät er nicht außer sich. Nichts in der Welt kann ihm diesen Frieden rauben, der eine Zuwendung Gottes ist. Nur eine Sorge ängstigt ihn: Gott aus seinem Herzen zu verlieren.

Teresa von Avila

„Glück der Liebe", „Liebesglück", „Glück in der Liebe" (oder gar: „Glück *mit* der Liebe") – das sind, wie jeder weiß, ziemlich vieldeutige und sprachgebräuchlich auch weithin verwilderte Vorstellungen, die zunächst einmal etwas zurechtgerückt werden müssen. – Natürlich reden wir jetzt nicht vom Glück*haben* in der Liebe, von der *fortuna* also dessen, der den richtigen Partner findet. So etwas gibt es durchaus, und es ist nicht das mindeste dagegen zu sagen – wiewohl es klarerweise einen Unterschied macht, ob, was einer da sucht und findet, „die Frau fürs Leben" ist („bis daß der Tod uns scheidet") oder ob es das ist, was Harvey Cox den „Playboy-Zubehör" nennt. Wir also sprechen jedenfalls von etwas anderem, nämlich von der wesentlichen Zuordnung, die das Glücklich*sein* und die Freude mit der Liebe verknüpft, von einer Zuordnung, die, wie sich zeigen wird, gar nicht so eindeutig ist, wie man zunächst vermutet.

Freude ist ja Ihrer Natur nach etwas Zweites und Nachgeordnetes. Zwar ist es unsinnig, jemanden zu fragen, „warum" er sich freuen wolle; und so könnte man meinen, die Freude sei etwas um ihrer selbst willen Gesuchtes – und also nicht etwas „Zweites". Augustinus sagt einmal: Wenn er, in öffentlicher Rede, die Menschen fragen würde, ob sie glücklich sein und sich freuen wollten, dann würde ein tausendstimmiges Ja die Antwort sein. Doch dieses Ja besagt, bei genauerem Zusehen, nicht, daß jedermann sich einfachhin und bedingungslos in dem seelischen Zustand des Sich-freuens befinden möchte. Vielmehr möchte dieser Jedermann, wenn es mit rechten Dingen zugeht, einen *Grund* haben, sich zu freuen. „Grund" aber heißt *ratio, raison, reason* und hat also mit Erkenntnis zu tun, und Erkenntnis zielt auf *Realität*! Es soll, nach jedermanns Meinung, einen Grund zur Freude geben. Ich sagte: „wenn es mit rechten Dingen zugeht". Es kann möglicherweise auch „mit unrechten Dingen zugehen“ – zum Beispiel dann, wenn, anstelle eines nicht vorhandenen „Grundes“, durch eine Art Manipulation eine »Ursache« zur Funktion gebracht wird, die nicht wirkliche Freude, sondern die trügerische, gerade *nicht* „begründete“ Empfindung von Freude künstlich bewirkt – ob nun diese Ursache eine Droge ist oder die elektrische Reizung bestimmter Hirnzentren. Auf dem immer wieder einmal zitierten Londoner Symposion (1962) über die Zukunft des Menschen hat der berühmte Physiologe und Nobelpreisträger Julian Huxley tatsächlich und unglaublicherweise die These vertreten, das durch solche Reizung verursachte „Glück“ verdiene sehr wohl diesen Namen: *Electric happiness is still happiness* – womit der Bruder von Aldous Huxley offenkundig in die Rolle einer Romanfigur der *Schönen neuen Welt* geschlüpft ist.

Im Gegensatz dazu bleibe ich bis auf weiteres davon überzeugt, daß (wiederum) Augustinus den wahren Sachverhalt weit zutreffender wiedergibt, wenn er sagt: „Es gibt niemanden, der nicht lieber gesunden Sinnes Schmerz erleiden möchte als sich im Wahnsinn freuen“. Wirklich freuen kann (und will) der Mensch sich nur, wenn es einen Grund zur Freude gibt. Und dieser Grund ist also das Erste, die Freude selbst das Zweite.

Gibt es aber nicht ungezählte Gründe zur Freude? Ja! Aber sie gehen alle auf einen einzigen Nenner: daß man nämlich empfängt oder besitzt, was man liebt – und wäre dieses Empfangen und Besitzen auch nur als etwas Künftiges erhofft oder nur als etwas schon Vergangenes erinnert. Wer nichts und niemanden liebt, kann sich nicht freuen, und wenn er auch noch so verzweifelt danach verlangt (dies ist dann die Situation, in der die Versuchung zum Selbstbetrug mit den »künstlichen Paradiesen« Kraft gewinnt).

Josef Pieper

Ein Lächeln

Das Geschenk des Lächelns –
Es kostet nichts und bewirkt so viel.

Es bereichert den, der es erhält,
ohne den arm zu machen, der es gibt.
Es dauert nur einen Augenblick,
aber die Erinnerung daran ist manchmal unauslöschbar.

Ein Lächeln bedeutet
Ruhe für ein erschöpftes Wesen,
Ermutigung für eine niedergeschlagene Seele,
Trost für ein trauerndes Herz.

Und wenn man dir das Lächeln,
das du verdienst, verweigert,
dann sei großzügig,
schenke das deine.
In der Tat hat niemand
ein Lächeln so nötig wie der,
der selbst keines zu geben vermag.

Je lauter
unsere heutige Welt wird,
je tiefer scheint Gott zu schweigen.
Schweigen ist die Sprache der Ewigkeit;
Lärm geht vorüber.

Gertrud von Le Fort

Psalm 8

Herr, unser Herr, wie wunderbar
ist dein Name auf der ganzen Welt!
Auch oben, im Himmel, bist du mit deiner Hoheit.
Selbst das Geschrei von Säuglingen
ist noch Lob, ein Ja-Sagen zu deiner Schöpfung.
Den Atheisten verschlägt es die Sprache.

Wenn ich zu *deinem* Himmel aufschaue,
zum Mond und zu den Sternen,
die du da festgemacht hast:
Was ist der Mensch, daß du an *ihn* gedacht
hast? Dieses Menschenkind, daß du es *machen* läßt?
Du hast den Menschen fast gottgleich gestaltet,
mit Glanz und Herrlichkeit hast du ihn gekrönt,
hast ihn als Herrscher eingesetzt über deine Schöpfung:
du hast sie ihm zu Füßen gelegt.
Alles, was ich sehe,
alles, was lebt auf dem Land,
in der Luft und was
seinen Weg im Meer sucht,
alles hast du ihm zu Füßen gelegt.
Herr, unser Herr, wie wunderbar
ist dein Name auf der ganzen Welt!

Arnold Stadler

Geschenk des Lebens

Lieber Gott,

heute bin ich hundert. Wie Oma Rosa. Ich schlafe viel, aber ich fühle mich wohl.

Ich habe versucht, meinen Eltern zu erklären, was das Leben für ein komisches Geschenk ist. Am Anfang überschätzt man es, man findet es kümmerlich, zu kurz, am liebsten würde man es wegschmeißen. Am Ende wird einem klar, daß es gar kein Geschenk ist, sondern nur geliehen. Also versucht man, es sich zu verdienen. Ich, der ich hundert Jahre alt bin, ich weiß, wovon ich rede. Je älter man wird, um so mehr Findigkeit muß man entwickeln, damit man das Leben zu schätzen weiß. Man muß feinfühliger werden, ein Künstler. Jeder hergelaufene Dummkopf kann das Leben mit zehn oder zwanzig genießen, aber um es mit hundert noch zu schätzen, wenn man sich nicht mehr rühren kann, muß man seinen Verstand benutzen.

Eric-Emmanuel Schmitt

Nachbarlich ist alles Leid der Welt

Mitten wie im Leben

Mitten wir im Leben sind
mit dem Tod umfangen:
Wen suchen wir, der Hilfe tu,
Daß wir Gnad erlangen?
Das bist du, Herr, alleine
Uns reuet unsere Missetat,
Die dich, Herr, erzürnet hat.
Heiliger Herre Gott,
Heiliger starker Gott,
Heiliger barmherziger Heiland,
Du ewiger Gott,
Laß uns nicht versinken
in des bittern Todes Not.
Kyrieleison.

Mitten in dem Tod anficht
Uns der Höllen Rachen
Wer will uns aus solcher Not
Frei und ledig machen?
Das tust du, Herr, alleine.
Es jammert dein Barmherzigkeit
Unser Sünd und großes Leid.
Heiliger Herre Gott,
Heiliger starker Gott,
Heiliger barmherziger Heiland,
Du ewiger Gott,
Laß uns nicht verzagen
Für der tiefen Höllen Glut!
Kyrieleison.

Mitten in der Höllen Angst
Unser Sünd uns treiben:
Wo solln wir denn fliehen hin,
Da wir mögen bleiben?
Zu dir, Herr Christ, alleine.
Vergossen ist dein teures Blut,
Das genug für die Sünde tut.
Heiliger Herre Gott,
Heiliger starker Gott,
Heiliger barmherziger Heiland,
Du ewiger Gott,
Laß uns nicht entfallen
Von des rechten Glaubens Trost.
Kyrieleison.

Martin Luther, Bittgebet

Bitte

Ich bitte nicht um Glück der Erden,
Nur um ein Leuchten nun und dann,
Daß sichtbar deine Hände werden,
Ich deine Liebe ahnden kann;
Nur in des Lebens Kümmernissen
Um der Ergebung Gnadengruß:
Dann wirst du schon am besten wissen,
Wie viel ich tragen kann und muß.

Annette von Droste-Hülshoff

Weltleid

Nachbarlich ist alles Leid der Welt.
Denk ein Kind, das plötzlich traurig wird,
Weil sein Ball ins Weißnichtwo verirrt.

Seine kleine Kinderklage fällt
An die Schwelle vor dem Klagetor
Einer Braut, die ihren Freund verlor.

Mädchenstimme, die ins Dunkel geht,
Streifen andre, sprechen: „Wir sind blind,
Müssen schlafen, eh' die Nacht beginnt."

Andre: „wir sind arm" – und eine fleht:
Kann denn nicht, nur eine Stunde lang
Tönen, tönen aller Lust Gesang?

Über alle hin ein Leidwind weht:
Kind, sei stille, Braut, ich höre dich,
Volk der Armen, Irren, Blinden, sprich:

Alles Leid der Welt ist nachbarlich.

Albrecht Goes

Ich ordne die Verlassenschaft

Ich ordne die Verlassenschaft;
das Brustkern-Öl, den Schlauch der Schlange,
die Rippenuhr bleibt selbst im Gange
und schlägt auch in der Einzelhaft.
Mein Abgott, immer noch aus Blei,
wird ohnehin nie auferstehen,
ich darf verrückt im Kreise gehen
an meinem eignen Kreuz vorbei.
Auch atmen kann ich ganz getrost,
die Lunge krankt an einem Flügel
und bleibt gewiß am Marterhügel
trotz Feuerfolter oder Frost.
So wilde Freiheit war noch nie
in einer finstern Andachtsenge,
ich hebe ohne jede Strenge
mein Stiefgeschick aufs Mutterknie.

Christine Lavant

Das Wunder

nur einen Wimpernschlag weit:
die Verzweiflung

zu preisen bleibt
das Wunder
ERBARMEN
uns zu sehen
wie Gott
uns sieht

Walter Thümler

DEM HERRN UNSEREM GOTT

dem herrn unserem gott
hat es ganz und gar nicht gefallen
dass gustav e. lips
durch einen verkehrsunfall starb

erstens war er zu jung
zweitens seiner frau ein zärtlicher mann
drittens zwei kindern ein lustiger vater
viertens den freunden ein guter freund
fünftens erfüllt von vielen ideen

was soll jetzt ohne ihn werden?
was ist seine frau ohne ihn?
wer spielt mit den Kindern?
wer ersetzt einen freund?
wer hat die neuen ideen?

dem herrn unserem gott
hat es ganz und gar nicht gefallen
dass einige von euch dachten
es habe ihm solches gefallen

im namen dessen der tote erweckte
im namen des toten der auferstand:
wir protestieren gegen den tod von gustav e. lips

Kurt Marti

Der Leidensmann

In der runden Kapelle an der Hedwigsbasilika steht ein einfaches Bild. Ohne künstlerischen Anspruch. Andächtig. Von ernster Haltung. Dort betet sich's gut. Christus, der Leidensmann. Mit der Dornenkrone. Mit dem Zepter.
[...]

Daß in der Kapelle hinter der Hedwigskirche, just hinter der jubelnden Oper, ein Schmerzensmann steht. An dessen Not ich mich trösten kann. Aus dessen Not mir Verständnis wird. In der Nähe des tanzenden Balletts! In der Nähe der glitzernden Fenster der Friedrichstraße! In der Nähe des sternübersäten blauen Himmels des Wintergartens! In der Nähe der Jägerstraße mit ihren Vergnügungslokalen! Organisiertes Vergnügen! Tarifiert! Verkäuflich! Diese Welt hat Freuden für den Gesunden, den Begüterten, den Sinnesfrohen.

Wohin flüchten aber alle, denen der Sinn nicht nach Tanz und Gelage steht? Die Verbitterten? Die Enttäuschten? Die Zerschlagenen? Die Schwermütigen? Die Tiefen? Die am Leben tragen? Die in den Nächten der Friedrichstraße hinabwandern und Brosamen suchen vom Tische der Reichen? Für all die steht unser Gott mit weltoffenen Armen da.

Carl Sonnenschein

Nachts im Wald

Bist du nie des Nachts durch Wald gegangen,
wo du deinen eignen Fuß nicht sahst?
Doch ein Wissen überwand dein Bangen:
Dich führt der Weg.

Hält dich Leid und Trübsal nie umfangen,
daß du zitterst, welchem Ziel du nahst?
Doch ein Wissen übermannt dein Bangen:
Dich führt dein Weg.

Christian Morgenstern

*

Die Größe des Menschen zeigt sich darin groß, daß er sich als elend erkennt; ein Baum erkennt sich nicht als elend.

Es bedeutet also, elend zu sein, wenn man (sich) als elend erkennt, aber es bedeutet, groß zu sein, wenn man erkennt, daß man elend ist.

Blaise Pascal

Psalm 23

Er ist mein Hirt.
Und mir fehlt nichts.
Er gibt mir Licht und Leben.
Es ist wie am Wasser.
Er stillt meinen Durst.
Er sagt mir, wie's weitergeht.
Er ist der Gott, auf den ich hoffte.

Auch dann, wenn ich durch eine Nacht muß (meine Nacht),
gerade dann habe ich keine Angst.
Vor nichts.
Denn es ist einer bei mir:
und das bist Du.
Du gehst mir voraus.
Das ist meine Hoffnung.
Du deckst mir den Tisch.
Meine Feinde sehen es
und können nichts machen.
Du machst mich schön.
Es ist ein Fest!
Und so wird es weitergehen.
Solange ich am Leben bin
und sein darf,
bei IHM.

Arnold Stadler

Gebet

Gott, du immer unter uns,
du willst nicht in Not und Elend,
sondern unbeschwerte Freude.
Du leidest mit jedem,
der auf der Erde leidet.
Du nimmst jeden auf,
der dir alle seine Lasten anvertraut,
so, als würdest du uns überall, an jedem Ort,
im Haus eines Bruders empfangen.
Wer sich von dir aufnehmen lässt,
erkennt mit seinem inneren Blick,
jenseits seiner eigenen Verwirrung,
einen Widerschein des verherrlichten Christus,
des Auferstandenen.
Wenn das Erbarmen Jesu Christi in ihm durchscheint,
lebt der Mensch jedes Mal von neuem auf.

Lebendiger Gott,
wenn uns trotz aller Umkehr unser Herz verurteilt,
bist du bei uns, um soviel größer als unser Herz –
du willst niemals, dass ein Mensch leidet.
Deine Gegenwart, o Gott,
ist dein Vertrauen in uns und dein Verzeihen.
Du vergisst, was hinter uns liegt,
damit wir uns zu dem zuwenden, was uns weiterführt:
schöpferisch zu sein zusammen mit dir.
Dich erwarten, Tag und Nacht,
heißt unser Herz weit werden lassen,
so weit, dass es sich, je älter wir werden,
um so mehr in einer einzigen Liebe verzehrt,
der Unseren und der Deinen.

Du der Auferstandene, begleitest jeden von uns
wie ein Armer, der sich nicht aufdrängt,
sich nicht gewaltsam Eintritt verschafft in unser Herz.
Du bist da, du schenkst dein Vertrauen,
du lässt niemanden im Stich,
selbst wenn aus der Tiefe
ein Schrei der Einsamkeit aufsteigt.
Um dich in uns aufzunehmen,
haben wir Heilung nötig.
Um dich zu erkennen, müssen wir es wagen,
uns immer wieder neu für deine Nachfolge zu entscheiden.
Ohne diese stets radikale Entscheidung
treten wir auf der Stelle.
Sich für dich entscheiden, heißt dich sagen hören:
„Du, liebst du mich mehr als jeder andere?"

Christus, in unseren Tagen und unseren Nächten
klopfst du an die Tür,
um uns für die Wirklichkeit
des lebendigen Gottes zu öffnen.
Du sagst zu uns: „Warum machst du dir Sorgen;
höre lieber auf die Vögel im Himmel,
betrachte die Blumen des Feldes,
bist du nicht viel mehr wert als sie?
In deinem allzeit armen Gebet,
vertraue mir alles an.
Wirf auf mich, was dich belastet …
das andere wird dir im Überfluss hinzugegeben."
Du, Christus, kümmerst dich um alles,
was uns Sorgen macht.
So lässt du uns Gottes eigene Zeichen begreifen.

Frère Roger

Trauern

Drei große trauern gibt's auf dieser welt
drei trauern groß und niemand weiß
wie diesen großen trauern aus dem weg gehn

Die erste trauer Ich weiß nicht wo ich sterben werde
Die zweite trauer Ich weiß nicht wann das sein wird
Und die letzte Ich weiß nicht wo ich mich in jener welt
befinden werde

So hörte ich's im lied Lassen wir es so
lassen wir es wie das lied es singt Haben wir den mut
nach der angst zu fassen wie nach einer klinke und
einzutreten

Jan Skácel

⁂

Schmerz

alles schmerzt sich einmal durch bis auf den eignen grund
und die angst vergeht
schön die scheune die nach längst vergangnen ernten
leer am Wegrand steht

Jan Skácel

Viel grösser, viel kleiner

Du lebtest, und ich wusste es nicht.
Du hattest mein Herz nach deinem Maß geschaffen,
mein Leben, um so lange zu währen wie du,
und weil du nicht da warst,
erschien mir die ganze Welt als klein und hässlich
und unser Schicksal als stumpfsinnig und böse.
Als ich erfahren hatte, dass du lebst,
habe ich dir dafür gedankt, dass du mich ins Leben
gerufen hast,
und ich dabe dir für das Leben der ganzen Welt gedankt.
Das Leiden, das auf Erden erlitten wird,
erschien mir auf einmal viel größer und viel kleiner
zugleich,
und die Freuden, die hier erfahren werden,
viel wahrer und viel kleiner auch sie.

Madeleine Delbrêl

Dieser lästerliche Anthropomorphismus: daß Gott durch Leiden uns erziehen wolle. Wie weit davon entfernt ist das Bejahen des Leidens, wenn es uns darum trifft, *damit* wir dem folgen, was wir als Gottes Willen erkennen.

Dag Hammarskjöld

Und wem klag ich mein Leid?

Die Sonne ist von Kupferwolken überzogen.
Buntschillernd spannt sich weit ein Regenbogen.

Ins Tal die Bäche rauschend niederschäumen.
Das dürre Laub fällt flatternd von den Bäumen.

Ein Schrei hoch von den Wolken her durchgellt die Luft –
Ein Vogel, der verirrt nach den Gefährten ruft.

Der runde volle Mond wird wieder schmal und dünn.
Die Blumen blühen bunt und froh und welken doch dahin.

So war und ist und wird es sein in Ewigkeit.
Warum denn aber seufze ich – und wem klag ich mein Leid?

Cao Pi

Trostlosigkeit

Zur Zeit der Trostlosigkeit soll man niemals eine Änderung treffen, sondern fest und beharrlich zu den Vorsätzen und Entscheidungen stehen, zu denen man am Tag vor dieser Trostlosigkeit stand, oder zu der Entscheidung, zu der man im vorausgehenden Trost stand. Denn wie uns im Trost jeweils mehr der gute Geist führt und berät, so in der Trostlosigkeit der böse, auf dessen Ratschläge hin wir nie den Weg finden können, um das Rechte zu treffen.

Ignatius von Loyola

Unangenehmes

Als wir nun hineintraten, fanden wir den Sokrates eben entfesselt. (...) Sokrates aber, auf dem Bette sitzend, zog das Bein an sich und rieb sich den Schenkel mit der Hand, indem er zugleich sagte: Was für ein eigenes Ding, ihr Männer, ihr Männer, ist es doch um das, was die Menschen angenehm nennen; wie wunderlich es sich verhält zu dem, was ihm entgegengesetzt zu sein scheint, dem Unangenehmen, dass nämlich beide zu gleicher Zeit zwar nie in dem Menschen sein wollen, doch aber, wenn einer dem einen nachgeht und es erlangt, er meist immer genötigt ist, auch das andere mitzunehmen, als ob sie zu zweit an einer Spitze zusammengeknüpft wären; (...) und deshalb nun, wenn jemand das eine hat, komme ihm das andere nach. So scheint es nun auch mir gegangen zu sein; weil ich von der Fessel in dem Schenkel vorher Schmerz hatte, so kommt mir nun die angenehme Empfindung hinten.

Platon

Das Kreuz von San Damiano

wenn deine Haut
mit allen Zitternden vibriert
und der Schmerz des anderen
dein Inneres aufpflügt

wenn ein gequälter Blick
dir einen Stich versetzt
und du zu weinen beginnst
mit der seufzenden Kreatur

wenn Einfühlsamkeit
dich mit anderen leiden macht
und der Angstschrei des Vogels dich rührt
und das Weinen eines Kindes

wenn jedes Kreuz
dein Mitleid weckt
und zu dir spricht
wie der Gekreuzigte selbst

Andreas Knapp

Er bewacht deinen Weg

Der Engel in dir

Der Engel in dir
freut sich über dein
Licht
weint über deine Finsternis

Aus seinen Flügeln rauschen
Liebesworte
Gedichte Liebkosungen

Er bewacht
deinen Weg

Lenk deinen Schritt
engelwärts

Rose Ausländer

Segen

Die Antwort des Gerechten auf die Leiden, die ihm die Welt zufügt, heißt: segnen. Das war die Antwort Gottes auf die Welt, die Christus ans Kreuz schlug: Segen. Gott vergilt nicht Gleiches mit Gleichem, und so soll es auch der Gerechte nicht tun. Nicht verurteilen, nicht schelten, sondern segnen. Die Welt hätte keine Hoffnung, wenn dies nicht wäre. Vom Segen Gottes und der Gerechten lebt die Welt und hat sie eine Zukunft. Segnen, d. h. die Hand auf etwas legen und sagen: du gehörst trotz allem Gott. So tun wir es mit der Welt, die uns solches Leiden zufügt. Wir verlassen sie nicht, wir verwerfen, verachten, verdammen sie nicht, sondern wir rufen sie zu Gott, wir geben ihr Hoffnung, wir legen die Hand auf sie und sagen: Gottes Segen komme über dich, er erneuere dich, sei gesegnet, du von Gott geschaffene Welt, die du deinem Schöpfer und Erlöser gehörst. Wir haben Gottes Segen empfangen in Glück und im Leiden. Wer aber selbst gesegnet wurde, der kann nicht mehr anders als diesen Segen weitergeben, ja er muss dort, wo er ist, ein Segen sein. Nur aus dem Unmöglichen kann die Welt erneuert werden; dieses Unmögliche ist der Segen Gottes.

Dietrich Bonhoeffer

Die höchste Stufe

In meinem Herzen wird wieder lebendig, was der Verstand mir schon so oft gesagt hat. Aber was nützt die Wahrheit des Verstandes, wenn sie nicht auch das Leben des Herzens ist? – Ich muß immer wieder den kleinen Zettel hervorholen, den ich mir vor vielen Jahren aus Ruysbroek abgeschrieben habe, ihn jetzt wieder lesen, da ihn auch das Herz wieder begreift. Es tröstet mich immer wieder zu lesen, wie dieser innige Mensch sein Leben sich vorstellte; daß ich diese Worte immer noch liebe nach so viel Alltag in meinem Leben, ist mir wie eine Verheißung, daß du auch meinen Alltag einmal segnen willst: „Gott kommt ohne Unterlaß in uns mittelbar und unmittelbar, und fordert von uns Genießen und Wirken und daß eins vom andern nicht gehemmt, sondern stets gekräftigt werde. Und deshalb besitzt der innige Mensch sein Leben in diesen beiden Weisen, nämlich in Ruhen und Wirken. Und in einer jeden ist er ganz und ungeteilt. Denn er ist ganz in Gott, da er genießend ruht, und er ist ganz in sich selbst, da er tätig minnt; und jederzeit wird er von Gott aufgefordert und gemahnt, beides, Ruhen und Wirken, zu erneuern. Also ist der Mensch gerecht und ist auf dem Weg zu Gott mit inniger Liebe und ewigem Wirken; und er geht ein in Gott mittels der genießenden Neigung in ewiger Ruhe. Und er bleibt in Gott und geht dennoch aus zu allen Geschöpfen in alles umfassender Liebe, in Tugenden und Gerechtigkeit. Und das ist die höchste Stufe des innigen Lebens. (...)“

Karl Rahner

Versöhnung

Es wird ein großer Stern in meinen Schoß fallen ...
Wir wollen wachen die Nacht.

In den Sprachen beten
Die wie Harfen eingeschnitten sind.

Wir wollen uns versöhnen die Nacht –
So viel Gott strömt über.

Kinder sind unsere Herzen,
Die möchten ruhen müdesüß.

Und unsere Lippen wollen sich küssen,
Was zagst du?

Grenzt nicht mein Herz an deins –
Immer färbt dein Blut meine Wangen rot.

Wir wollen uns versöhnen die Nacht,
Wenn wir uns herzen, sterben wir nicht.

Es wird ein großer Stern in meinen Schoß fallen.

Else Lasker-Schüler

Irisches Gebet

Christus sei mir zur Rechten,
Christus sei mir zur Linken.

Er die Kraft.
Er der Friede.

Christus sei, wo ich liege,
Christus sei, wo ich sitze.
Christus sei, wo ich stehe.
Christus in der Tiefe,
Christus in der Höhe,
Christus in der Weite.

Christus sei im Herzen eines jeden,
der meiner gedenkt.
Christus sei im Munde eines jeden,
der von mir spricht.
Christus sei in jedem Auge,
das mich sieht,
Christus in jedem Ohr,
das mich hört.
Er mein Herr,
Er mein Erlöser.

Gebet

Behüte

Behüte, Herr, die ich Dir anbefehle,
Die mir verbunden sind und mir verwandt.
Erhalte sie gesund an Leib und Seele
und führe sie an Deiner guten Hand,

sie alle, die mir ihr Vertrauen schenken
und die mir so viel Gutes schon getan.
In Liebe will ich dankbar an sie denken,
oh Herr, nimm Dich in Güte ihrer an.

Um manchen Menschen mache ich mir Sorgen,
und möchte ihm helfen, doch ich kann es nicht.
Ich wünsche nur, er wär' bei Dir geboren
und fände aus dem Dunkeln in Dein Licht.

Du ließest mir so viele schon begegnen,
so lang ich lebe, seit ich denken kann.
Ich bitte Dich, Du wolltest alle segnen,
sei mir und ihnen immer zugetan.

Lothar Zenetti

Beracha (Segensspruch)

Ein Dach, das dich schützt,
eine Treppe,
die dich trägt.
Eine Tür,
die dir offen steht,
einen Tisch, der dir gedeckt ist.
Ein Bett, das dir Ruhe gibt,
eine Hand,
die dich hält.
Einen Menschen,
der dich liebt,
einen Gott,
der dir Wohnung gibt.

Wilhelm Bruners

Hohe Boten

Es kommen hohe Boten uns entgegen
und bringen Weizenbrot und Wandersegen.

Ein lautes Pochen steht vor unserm Tor.
Wir sind in Furcht und treten nicht hervor.

Wo ihren Segen bergen, ihre Gaben
da unsre Häuser keine Dächer haben?

Wir bitten Gott, uns nicht so stark zu nahn.
Die Boten fliehen – alles ist vertan!

Wir sehen nur den Schimmer ihrer Schwingen
beschwichtigend verweilen auf den Dingen.

Rose Ausländer

Was kein Auge gesehen

Wenn wir fliehen,
Du folgst uns nach;
kehren wir den Rücken,
Du trittst uns vors Angesicht;
Du flehst voller Demut,
aber Du wirst verachtet.
Aber weder Beschämung noch Verachtung
kann Dich dahin bringen,
Dich abzuwenden;
Du bist unermüdlich,
uns zu jenen Freuden zu ziehen,
die kein Auge gesehen,
die kein Ohr gehört hat
und die noch nie
in eines Menschen Herz gekommen sind.

Gertrud von Helfta

Der Herr sei vor dir

Der Herr sei vor dir,
um dir den rechten Weg zu zeigen.
Der Herr sei neben dir,
um dich in die Arme zu schließen
und dich zu schützen.
Der Herr sei hinter dir,
um dich zu bewahren
vor der Heimtücke böser Menschen.
Der Herr sei unter dir,
um dich aufzufangen,
wenn du fällst,
und dich aus der Schlinge zu ziehen.
Der Herr sei in dir,
um dich zu trösten,
wenn du traurig bist.
Der Herr sei um dich herum,
um dich zu verteidigen,
wenn andere über dich herfallen.
Der Herr sei über dir,
um dich zu segnen.
So segne dich der gütige Gott.

Aus dem 4. Jahrhundert

Er segne dich

Der Herr segne dich!
Er erfülle deine Füße mit Tanz,
deine Arme mit Kraft.
Er erfülle dein Herz mit Zärtlichkeit,
deine Augen mit Lachen.
Er erfülle deine Ohren mit Musik,
deine Nase mit Wohlgerüchen.
Er erfülle deinen Mund mit Jubel,
dein Herz mit Freude.
Er schenke dir immer neu
Die Gnade der Wüste: Stille –
frisches Wasser – und neue Hoffnung.
Er gebe uns allen immer neu die Kraft,
der Hoffnung ein Gesicht zu geben.

Gebet aus dem Kongo

Strom des Lebens

Möge der Segen Gottes,
die Quelle lebendigen Wassers,
in uns fließen wie ein Strom des Lebens.

Mögen wir trinken aus der Weisheit Gottes
und nie wieder Durst haben.

Mögen wir durchs Leben gehen
und vielen zum Zeichen des Heils werden,
Mut machen
durch Gott,
der ewiges Leben ist.
Amen

Unbekannt

Zuversicht

Nicht kann auch
aus Gottes Hand fallen,
wer (sogar) außerhalb seiner selbst
und aller Kreatur fällt,
die doch Gottes Hand
von allen Seiten umfaßt.
Stürze also durch die Welt,
wohin stürzest du?
Doch nur in die Hand
und an die Brust Gottes.

Martin Luther

In seiner Hand

Wir alle sind in Gottes Hand
und jeder Mensch in jedem Land,
wir kommen und wir gehen,
wir singen und wir grüßen,
wir beten und wir büßen,
wir weinen und wir lachen,
Gott will uns fröhlich machen.

Wir alle haben unsere Zeit,
Gott hält die Sanduhr stets bereit,
wir blühen und verwelken,
vom Kopf bis zu den Füßen,
wir packen unsere Sachen,
wir beten und wir büßen,
Gott wird uns leichter machen.

Wir alle haben unser Los
Und sind getrost auf Gottes Floß,
die Welt entlang gefahren,
auf Meeren und auf Flüssen,
die Starken mit den Schwachen,
zu beten und zu büßen,
Gott will uns schöner machen.

Wir alle bleiben Gottes Kind,
auch wenn wir schon erwachsen sind.
Wir werden immer kleiner,
bis wir am Ende wissen,
vom Mund bis zu den Zehen,
wenn wir gen Himmel müssen,
Gott will uns heiter sehen.

Hanns Dieter Hüsch

Geht in euren Tag hinaus

Lasst euch finden

Geht in euren Tag hinaus ohne vorgefasste Ideen,
ohne die Erwartung von Müdigkeit,
ohne Plan von Gott, ohne Bescheidwissen über ihn,
ohne Enthusiasmus,
ohne Bibliothek –
geht so auf die Begegnung mit ihm zu.
Brecht auf ohne Landkarte –
und wisst, dass Gott unterwegs zu finden ist,
und nicht erst am Ziel.
Versucht nicht, ihn nach Originalrezepten zu finden,
sondern lasst euch von ihm finden
in der Armut eines banalen Lebens.

Madeleine Delbrêl

Wohlauf, mein Herze

Ich singe dir mit Herz und Mund,
Herr, meines Herzens Lust;
ich sing und mach auf Erden kund,
was mir von dir bewußt.

Was sind wir doch? Was haben wir
auf dieser ganzen Erd,
das uns, o Vater, nicht von dir
allein gegeben wird?

Wer hat das schöne Himmelszelt
hoch über uns gesetzt?
Wer ist es, der uns unser Feld
mit Tau und Regen netzt?

Wer gibt uns Leben und Geblüt?
Wer hält mit seiner Hand
den güldnen, werten, edlen Fried
in unserm Vaterland?

Du nährest uns von Jahr zu Jahr,
bleibst immer fromm und treu
und stehst uns, wenn wir in Gefahr
geraten, treulich bei.

Wohlauf, mein Herze, sing und spring
Und hab guten Mut!
Dein Gott, der Ursprung aller Ding,
ich selbst und bleibt dein Gut.

Paul Gerhardt, Hymnus

Morgenandacht

Morgenglanz der Ewigkeit,
Licht vom unerschöpften Lichte,
Schick uns diese Morgenzeit
Deine Strahlen zu Gesichte;
Und vertreib durch deine Macht
Unsre Nacht.

Deiner Güte Morgentau
Fall auf unser matt Gewissen;
Laß die dürre Lebensau
Lauter süßen Trost genießen;
Und erquick uns, deine Schar,
Immerdar.

Gib, daß deiner Liebe Glut
Unsre kalten Werke töte,
Und erweck uns Herz und Mut
Bei entstandner Morgenröte,
Daß wir, eh wir gar vergehn,
Recht aufstehn.

Ach! du Aufgang aus der Höh,
Gib, daß auch am Jüngsten Tage
Unser Leichnam aufersteh
Und, entfernt von aller Plage,
Sich auf jener Freudenbahn
Freuen kann.

Leucht uns selbst in jener Welt,
Du verklärte Gnadensonne,
Führ uns durch das Tränenfeld
In das Land der süßen Wonne,
Da die Lust, die uns erhöht,
Nie vergeht

Christian Knorr von Rosenroth

Gebet eines Kindes

Danke, Herr, für den heutigen Tag.
Ich bitte Dich, dass Du für meine Eltern,
meine Schwester und die anderen Familienangehörigen sorgst.
Ich danke Dir, Herr, dafür, dass es hell wird, dass ich lebe;
Ich danke Dir für die Luft, für das Wasser, für den Regen,
für die Sonnen, für die Tiere und Pflanzen.
Ich danke Dir auch für das Essen,
dafür dass ich gehen, sprechen, hören und sehen kann.
Ich danke dir für alles, was Du mir gibst.
Ich bitte Dich, dass Du für die kranken Kinder
Und Erwachsenen sorgst und sie heilst.
Danke für die guten und schlechten Augenblicke, die Du mir schenkst.
Amen.

Walter Josue Madrigal Brenes, 6 (Costa Rica)

Ohne Landkarte

Aber für uns,
spielt das Abenteuer deiner Gnade
in einer Zeit, die fast aus der Bahn gerät
in ihrem Drang nach Freiheit.
Uns willst du keine Landkarte geben.
Unser Weg führt durch die Nacht.
Wohin wir zu gehen haben,
erhellt sich Stück für Stück
wie durch die Lampe eines Signals.
Oft ist das einzige, was sich sicher einstellt,
eine regelmäßige Müdigkeit aufgrund
derselben Arbeit, die jeden Tag zu tun ist,
desselben Haushalts, der wieder zu bewältigen ist,
derselben Fehler, die wir bekämpfen,
derselben Dummheiten, die wir unterlassen wollen.

Aber außerhalb dieser Gewissheit
ist alles übrige deiner Phantasie überlassen, o Gott,
die es sich bei uns gemütlich macht.

Madeleine Delbrêl

Von guten Mächten

Von guten Mächten treu und still umgeben,
behütet und getröstet wunderbar,
so will ich diese Tage mit euch leben
und mit euch gehen in ein neues Jahr.

Noch will das Alte unsre Herzen quälen,
noch drückt uns böser Tage schwere Last,
ach Herr, gib unsern aufgescheuchten Seelen
das Heil, für das Du uns bereitet hast.
Und reichst Du uns den schweren Kelch,
den bittern des Leids,
gefüllt bis an den höchsten Rand,
so nehmen wir ihn dankbar ohne Zittern
aus deiner guten und geliebten Hand.

Doch willst Du uns
noch einmal Freude schenken
an dieser Welt und ihrer Sonne Glanz,
dann wolln wir des Vergangenen gedenken,
und dann gehört Dir unser Leben ganz.

Laß warm und still
die Kerzen heute flammen,
die Du in unsre Dunkelheit gebracht,
führ, wenn es sein kann,
wieder uns zusammen.
Wir wissen es,
Dein Licht scheint in der Nacht.

Wenn sich die Stille nun tief um uns breitet,
so lass uns hören jenen vollen Klang
der Welt, die unsichtbar sich um uns weitet,
all Deiner Kinder hohen Lobgesang.

Von guten Mächten wunderbar geborgen,
erwarten wir getrost, was kommen mag.
Gott ist mit uns am Abend und am Morgen
Und ganz gewiß an jedem neuen Tag.

Dietrich Bonhoeffer

Ich danke

Herr,
ich bin fröhlich heute am Morgen.
Die Vögel und die Engel jubilieren,
und ich singe auch.
Das All und unsere Herzen
sind offen für deine Gnade.
Ich fühle meinen Körper
und danke.
Die Sonne brennt meine Haut,
ich danke.
Das Meer rollt gegen den Strand,
ich danke.
Die Gischt klatscht gegen unser Haus,
ich danke ...

Aus Westafrika

Ich bin bereit

Laß blind mich, Herr, die Wege gehn,
Die Deine sind.
Will Deine Führung nicht verstehn,
Bin ja Dein Kind!

Bist Vater der Weisheit, auch Vater mir.
Führst durch Nacht Du auch, führst doch zu Dir!

Herr, laß geschehn, was Du willst:
Ich bin bereit!
Auch wenn Du nie mein Leben stillst
In dieser Zeit.

Bist ja der Herr der Zeit: Das Wann ist Dein.
Dein ew'ges Jetzt, einst wird es mein!

Mach alles wahr, wie Du es planst
In Deinem Rat.
Wenn still Du dann zum Opfer mahnst,
Hilf auch zur Tat!

Edith Stein

Behüte mich

Herr, bewahre mich an *Leib und Seele* im reinen Glauben,
bis ich unter der Erde bin.

Behüte meine *Augen,* Jesus, Sohn Mariens,
damit ich nicht begierig werde,
wenn ich das Gut anderer sehe.

Bewache meine *Ohren,*
damit sie nicht auf Verleumdung hören
noch auf das närrische Zeug dieser Welt.

Beschütze meine *Zunge,*
damit ich keinen schlecht mache und keinen beschimpfe,
damit ich weder prahle noch fluche.

Wache über mein *Herz,* Christus, in deiner Liebe,
damit ich nicht das Verlangen nach Sünde fördere.

Laß keinen Groll in ihm sein, noch Neid, noch Blindheit,
weder Stolz, noch Verachtung, noch Verderbnis, noch
Krankheit.

Ich vertraue mich *ganz dir* an:
Beschütz mich in Güte,
behüte mich, Herr, in deiner großen Gnade.

Máel Isu († 1086)

Wenn es morgen wird

Das Dunkel bringt Vögel hervor, bringt Steine
hervor, bringt Blumen hervor.
Wenn es Morgen wird
gibt das Dunkel der Welt die Wesen zurück
und beugt aus eigenem Trieb auf der Erde die Knie.
Die schweren Schultern schüttelnd
geben die Wesen ihren Körpern Bewegung
und freuen sich an der Stunde der Arbeit.
Auf die Festlichkeit der fröhlichen Erde
Golden scheinende Sonne und ihr fröhliches Echo:
wenn es Morgen wird
erschafft sich die Welt

Pak Namsu

DRUM DANK ICH

Am Morgen eil ich dir, o Herr, entgegen,
Dir tönt mein Morgen-, dir mein Abendsegen.
Vor deiner Größe steh ich scheu, erschrocken –
Was kann, dir unbemerkt, in mir sich regen?
Was will mein Herz? Was kann meine Zunge stammeln?
Mein höchster Flug – vor dir, o wie verwegen!
Doch dir gefällt der Menschen Preis, drum dank ich,
So lange nur dein Hauch mich will bewegen!

Salomo Ben Gabirol

Komm Trost der Welt, du stille Nacht

Der Einsiedler

Komm Trost der Welt, du stille Nacht!
Wie steigst du von den Bergen sacht,
Die Lüfte alle schlafen,
Ein Schiffer nur noch, wandermüd,
Singt über's Meer sein Abendlied
Zu Gottes Lob im Hafen.

Die Jahre wie die Wolken gehn
Und lassen mich hier einsam stehn,
Die Welt hat mich vergessen,
Da tratst du wunderbar zu mir,
Wenn ich beim Waldesrauschen hier
Gedankenvoll gesessen.

O Trost der Welt, du stille Nacht!
Der Tag hat mich so müd gemacht,
Das weite Meer schon dunkelt,
Lass' ausruhn mich von Lust und Not,
Bis daß das ew'ge Morgenrot
Den stillen Wald durchfunkelt.

Joseph von Eichendorff

Nachtmahl auf dem Acker

Wenn großvater am abend
das kräutichtfeuer schürte,
machte er die sterne,
die später über unsern köpfen standen

Wir erkannten sie wieder

Und der mond war ein armer bruder,
der zur sonne betteln ging
(manchmal bekam er etwas,
manchmal nicht)

Ich wußte noch nicht, daß der mond
das vorweggenommene antlitz ist
der erde

Ich war noch nicht Adam,
und großvater ähnelte gott

Damals, als ich noch vom Himmel aß

Reiner Kunze

Schon wirft die Erde sich zur Nacht

Schon wirft die Erde sich zur Nacht
des dunklen Mantels. Falten um.
Der Schlaf des Todes sanftes Bild
führt uns dem Grab des Schlummers zu.

Wenn uns die schwarze. Nacht umhüllt,
sind wir von Traum und Wahn bedrängt,
bedroht von Zweifel und von Angst,
der Macht des Bösen ausgesetzt.

Christus, du Leben, Wahrheit, Licht,
wachsamer Hüter, sei uns nah,
dass hell der Glaube in uns wacht,
auch in des Schlafes dunkler Zeit.

Den Sohn und Vater bitten wir
Und auch den Geist, der beide eint:
Dreiein'ge Macht, die alles lenkt,
behüte uns in dieser Nacht.

Hymnus aus dem 7.–8. Jahrhundert

Es wandelt, was wir schauen

Es wandelt, was wir schauen,
Tag sinkt ins Abendrot,
Die Lust hat eignes Grauen,
Und alles hat den Tod.

Ins Leben schleicht das Leiden
Sich heimlich wie ein Dieb,
Wir alle müssen scheiden
Von allem, was uns lieb.

Was gäb' es doch auf Erden,
Wer hielt den Jammer aus,
Wer möcht' geboren werden,
Hieltst du nicht droben haus!

Du bist's, der, was wir bauen,
Mild über uns zerbricht,
Daß wir den Himmel schauen –
Darum so klag' ich nicht.

Joseph von Eichendorff

In deine Hände

Ich trau auf deine Hand,
Daß sie mich wohl behüte.
Weil alle deine Güte
Und Liebe mir bekannt,
Und daß ein sichrer Hort
Das Unheil von mir wende.
O Herr, in deine Hände!
Dies sei mein letztes Wort.

Annette von Droste-Hülshoff

Abendgebet

Laß mich in Frieden ruhen.

Daß ich mich im Dunkel
nicht verloren glaube.

Daß ich mich nicht an Träume
gefangen gebe.

Es komme ein neuer Tag.
Es komme dein Königreich.

Wenn über mich die letzte Nacht
gekommen ist,
wenn ich tot sein werde,
ein blinder Fleck
im Gedächtnis meiner Herzgeliebten:

Laß mich dann in dir geborgen sein

laß nicht den zweiten Tod
über mich kommen.

Huub Oosterhuis

Trostlied am Abend

In jeder Nacht, die mich bedroht,
ist immer noch dein Stern erschienen.
Und fordert es, Herr, dein Gebot,
so naht dein Engel, mir zu dienen.
In welchen Nöten ich mich fand,
du hast dein starkes Wort gesandt.

Hat banger Zweifel mich gequält,
hast du die Wahrheit nie entzogen.
Dein großes Herz hat nicht gezählt,
wie oft ich mich und dich betrogen.
Du wußtest ja, was mir gebricht.
Dein Wort bestand: Es werde Licht!

Hat schwere Sorge mich bedrängt,
ward deine Treue mir verheißen.
Den Strauchelnden hast du gelenkt
und wirst ihn stets vom Abgrund reißen.
Wann immer ich den Weg nicht sah:
Dein Wort wies ihn. Das Ziel war nah.

Hat meine Sünde mich verklagt,
hast du den Freispruch schon verkündet.
Wo hat ein Richter je gesagt,
er sei dem Schuldigen verbündet?
Was ich auch über mich gebracht,
dein Wort hat stets mein Heil bedacht.

In jeder Nacht, die mich umfängt,
darf ich in deine Arme fallen,
und du, der nichts als Liebe denkt,
wachst über mir, wachst über allen.
Du birgst mich in der Finsternis.
Dein Wort bleibt noch im Tod gewiß.

Jochen Klepper

Nun dann in Gottes Namen

Nun dann in Gottes Namen
legt sich mein Leib zur Ruh.
Herr Jesu, Amen! Amen!
Drück mir die Augen zu

Wen deine Flügel decken,
dem ist kein Bett zu hart,
und vor der Nächte Schrecken
schützt deine Gegenwart.

Wenn neben mir ein armer
gefangener Freund noch wacht,
so stärk ihn du, Erbarmer,
mit einer guten Nacht.

Gib allen sorgenschweren,
beklemmten Herzen Rast;
wisch ab des Elends Zähren,
und nimm des Müden Last.

Sollt ich im Schlafe sterben,
so sei mein schneller Tod
nicht Hinsturz ins Verderben,
es sei ein Flug zu Gott!

Und nun in Gottes Namen
leg ich mein Leib zur Ruh.
Herr Jesu, Amen! Amen!
Mein letztes Wort bist du.

Christian Fürchtegott Gellert

Dein Kopf auf meiner Brust

Mit meinem rechten schlüsselbein
schließen wir uns ein
in den Schlaf

Sollte ich's im traum
verlegen, nehmen wir, uns wachzuschließen,
das linke

Mich nur, mich halte fest,
der schlaf hat schloß und klinke

Reiner Kunze

Himmel abgespeckt

Keine Posaune zurhand, keine Verkündigungen,
der Himmel abgespeckt,
wenn der Abend mit siebenfarbener Zunge
am Fenster leckt.

Ins Spektrum geflätzt, die Seele noch einmal nach oben,
wolken- und vogelwärts –:
Wer hat mir die Faustvoll Fleisch in die Jacke geschoben,
mein rüdes Gorillenherz?

Träume ausgeklinkt – gutso – die gondeln im Blauen,
in den schwimmenden Äther getupft;
mein gepökeltes Herz, mein eingesalznes Vertrauen,
das die Stellung hält und die Schlagader zupft.

Mit der Erde auf gutem Fuß,
den läufigen Nachtigallen – ! –
Ist es nicht schön, bald, bei aufgeblasenem Monde und
steigendem Fluß
der Schwerkraft anheimzufallen

Jaaa, Mooond, wenn er kömmt, der siderische Montgolfier,
im Pulk der Sterne die Nacht zu befahren ...
schlürf ich die Welt-an-sich und was ich sonst nicht versteh,
dir aus den Achselhaaren.

Schlürfe vom handwarmen All, der Gaumen zerfließt,
die Kehle schon –
Die du hier Luft einziehst,
mach die Funzel aus, oh-du-Sterbliche,
häng dich ein in die Gravitation.

Peter Rühmkorf

In meine Müdigkeit

In meine Müdigkeit auf kahler Erde, wenn ich zu schwach bin, weder Gott noch Menschen zu lieben …
Während der Nacht, Herr, wirst Du mir treu sein.
In meiner Erschöpfung, wenn ich nicht mehr klar sehe, wenn mein Herz erkaltet, meine letzte Tugend am Ende meiner Kräfte zusammensinkt und einschläft wie eine alte Frau …
Während der Nacht, Herr, wirst Du mir treu sein.
In meiner schwärzesten Nacht, in dem schrecklichen Strudel, da Gott sich abwendet, der Glaube zusammenbricht wie ein Wolkenschloß, es keine Spur von Hoffnung mehr gibt, nicht auf Erden, nicht im Himmel …
Während der Nacht, Herr, wirst Du mir treu sein.
Im Tode, da alles schwindet, in der Nacht des Todes, da die Seele nicht mehr Raum noch Zeit hat, in dem Nichts, wo ich weder mich noch irgendeinen finde …
Während der Nacht, Herr, wirst Du mir treu sein.
In der Finsternis Deines Seins, in das ich mich stürzen werde, wo von mir nur das sein wird, was Du warst, wo Du allein sein wirst, das einzige Sein, das von mir bleiben wird …
Während der Nacht, Herr, wirst du mir treu sein.
Du allein, der Du bist
Ewig
Du.

Marie Noel

Die gestundete Zeit

Es kommen härtere Tage.
Die auf Widerruf gestundete Zeit
wird sichtbar am Horizont.
Bald mußt du den Schuh schnüren
und die Hunde zurückjagen in die Marschhöfe.
Denn die Eingeweide der Fische
sind kalt geworden im Wind.
Ärmlich brennt das Licht der Lupinen.
Dein Blick spurt im Nebel:
die auf Widerruf gestundete Zeit
wird sichtbar am Horizont.

Drüben versinkt dir die Geliebte im Sand,
er steigt um ihr wehendes Haar,
er fällt ihr ins Wort,
er befiehlt ihr zu schweigen,
er findet sie sterblich
und willig dem Abschied
nach jeder Umarmung.

Sieh dich nicht um.
Schnür deinen Schuh.
Jag die Hunde zurück.
Wirf die Fische ins Meer.
Lösch die Lupinen!

Es kommen härtere Tage.

Ingeborg Bachmann

PSÄLMLEIN

gott
mein versteck

wo ich sicher bin
vor feinden

sicher auch
vor mir selber

Kurt Marti

✲

Fast ein Gebet

Wir haben ein Dach
Und Brot im Fach
Und Wasser im Haus
Da hält man's aus.

Und wir haben es warm
Und haben ein Bett.
O Gott, daß doch jeder
das alles hätt'!

Reiner Kunze

Gott, du hast es mit mir angefangen. Du hast mir nachgestellt, hast mich nicht loslassen wollen, bist mir immer wieder hier und dort plötzlich in den Weg getreten, hast mich verlockt und betört, hast dir mein Herz gefügig und willig gemacht, hast zu mir geredet von deiner Sehnsucht und ewigen Liebe, von deiner Treue und Stärke; als ich Kraft suchte, stärktest du mich, als ich Halt suchte, hieltest du mich, als ich Vergebung suchte, vergabst du mir die Schuld. Ich hatte nicht gewollt, aber du überwandest meinen Willen, meinen Widerstand, mein Herz, Gott du verführtest mich unwiderstehlich, dass ich mich dir hingab, Herr, du hast mich überredet und ich habe mich überreden lassen.

Dietrich Bonhoeffer

Einem Kinde im Dunkeln

(Für Puttel)

Gib mir deine kleine Hand.
So, nun bist du nicht allein.
Kind, du sollst nicht einsam sein
Mit dem Schatten an der Wand.

Fällt der Abend auf die Welt,
Kühlt die Sonne langsam aus.
Schläft die Wolke hinterm Haus,
Nicken Blümlein auf dem Feld.

Sternlein glimmen langsam schon,
Wind nach unserm Fenster zielt.
Und der Abendengel spielt
Mit dem blassen Mondballon.

Leise, leise rauscht der Baum ...
Bäumlein sinkt. Nun ruhst du brav.
Segne dich ein guter Schlaf,
Segne dich ein schöner Traum!

Mascha Kaléko

Schlaf

Lass Deine Wurzeln wachsen
zur Mitte Deiner Seele.
Sauge den Saft auf
aus der unversiegbaren Quelle
Deines Unbewussten
und
werde lebendig ohne Ende.

Donald W. Winnicott
übersetzt von Michael Schlagheck

Abends

Abends,
wenn der Tag sich zusammenrollt,
riskiere ich einen letzten Blick
auf meine Erinnerung,
bahne mir einen Pfad
durch die Erlebnisse von heute
und lege behutsam
ein Fragezeichen
in mein Gebet.

Peter Herrlein

In seinen Händen

Ich bin vergnügt, erlöst, befreit,
Gott nahm in seine Hände meine Zeit.
Mein Fühlen, Denken, Hören, Sagen,
mein Triumphieren und Verzagen,
das Elend und die Zärtlichkeit.
Was macht's, daß ich so fröhlich bin
in meinem kleinen Reich?
Ich sing und tanze her und hin
vom Kindbett bis zur Leich.
Was macht's, daß ich so furchtlos bin,
an vielen dunklen Tagen?
Es kommt ein Geist in meinen Sinn,
will mich durchs Leben tragen.
Was macht's, daß ich so unbeschwert
und mich kein Trübsinn hält?
Weil mich mein Gott das Lachen lehrt,
wohl über alle Welt.

Hanns Dieter Hüsch

Jede Nacht, jeden Tag

Weiß nicht
ob ich wieder erwache

und doch leg ich mich nieder
jede Nacht und vertraue
arglos dem Schlaf

und dass mich da wer behütet
der meinen Atem kennt
so nah am Tod

ihm will ich danken
für jeden Tag
auch wenn
die Amsel nicht singt
und die Sonne nicht scheint

wenn Sorgen und Nöte
mich plagen

Heinz-Albert Heindrichs

Quellenverzeichnis

Abt Suger von Saint-Denis: Verse am Portal der Kathedrale von Saint-Denis. Zitiert nach Assunto, Rosario: Die Theorie des Schönen im Mittelalter, Köln, DuMont Schauberg, 1963, S. 150.

Aichinger, Ilse: „Wunsch". In: dies.: Die größere Hoffnung. © Bermann Fischer Verlag NV, Amsterdam 1948.

Aquin, Thomas von: „Adoro te devote". In: Anselm Schott (Hrsg.): Das Messbuch der Heiligen Kirche. Mit liturgischen Erläuterungen und kurzen Lebensbeschreibungen der Heiligen. Herder, Freiburg 1956, S. 155–156.

Aquin, Thomas von: „Gib mir, o Herr, ein festes Herz". Quelle unbekannt.

Arnim, Achim von: „Strahl des Himmels". Quelle unbekannt.

Ausländer, Rose: „Der Engel in dir". In: dies.: Ich höre das Herz des Oleanders. Gedichte 1977–79. © S. Fischer Verlag GmbH, Frankfurt am Main 1984.

Ausländer, Rose: „Du legst dein Licht in allen Farben/…". In: dies.: Die Erde war ein atlasweißes Feld. Gedichte 1927–1956. Gedichte 1983–1987. © S. Fischer Verlag GmbH, Frankfurt am Main 1985.

Ausländer, Rose: „Hohe Boten". In: dies.: Die Erde war ein atlasweißes Feld. Gedichte 1927–1956. Gedichte 1983–1987. © S. Fischer Verlag GmbH, Frankfurt am Main 1985.

Avila, Teresa von: „Es gibt viele Menschen". In: Peter Dyckhoff (Hrsg.): Aus der Quelle schöpfen. Das innerliche Gebet nach Teresa von Avila. Don Bosco, München 2000, S. 167f.

Avila, Teresa von: „O mein Gott, wann …". In: Aloysius Alkofer (Hrsg.): Sämliche Schriften der heiligen Theresia von Avila, Bd. 1: Das Leben der heiligen Theresia von Avila, Kösel-Verlag, München 1931.

Avila, Teresa von: „Du unser Herrscher …". In: Aloysius Alkofer (Hrsg.): Sämtliche Schriften der heiligen Theresia von Avila, Bd. 6: Weg der Vollkommenheit, Kösel-Verlag, München 1941.

Bachmann, Ingeborg: „Die gestundete Zeit“. In: dies.: Werke. Bd. 1: Gedichte. © Piper Verlag GmbH, München 1978.

Baeck, Leo: „Gott suchen“. In: ders.: Das Wesen des Judentums. Gütersloher Verlagshaus, Wiesbaden 1998, S. 31.

Balthasar, Hans Urs von: „Amor und Psyche“. In: ders.: Das Weizenkorn. Aphorismen. Johannes Verlag Einsiedeln, Trier ³1989, S. 63.

Blondel, Maurice: „Nicht als müssten wir“. In: ders.: L'Action. (1893). Übersetzung von Robert Scherer. Karl Alber Verlag, München 1965, S. 339–341.

Bobrowski, Johannes: „Strandgänger“. In: ders.: Gesammelte Werke in sechs Bänden, Band I © Deutsche Verlagsanstalt, München in der Verlagsgruppe Random House GmbH 1998.

Bonhoeffer, Dietrich: „Die Antwort des Gerechten“. In: ders.: Gesammelte Schriften. © Gütersloher Verlagshaus, Gütersloh, in der Verlagsgruppe Random House GmbH, München.

Bonhoeffer, Dietrich: „Gott, Du hast es mit mir angefangen“. Predigt zu Jer 20,7 vom 21. 1. 1934. In: Dietrich Bonhoeffer Werke, Band 13: London 1933–1935. © Gütersloher Verlagshaus, Gütersloh, in der Verlagsgruppe Random House GmbH, München.

Bonhoeffer, Dietrich: „Predigt zu Jer 20,7 (21. 1. 1934). In: Dietrich Bonhoeffer Werke, Band 13: London 1933–1935. © Gütersloher Verlagshaus, Gütersloh, in der Verlagsgruppe Random House GmbH, München.

Bonhoeffer, Dietrich: „Von guten Mächten“. In: ders.: Widerstand und Ergebung. © Gütersloher Verlagshaus, Gütersloh, in der Verlagsgruppe Random House GmbH, München.

Bonhoeffer, Klaus: „Abschiedsbrief an die Kinder“. In: Eberhard Bethge (Hrsg.): Auf dem Weg zur Freiheit. Gedichte und Briefe aus der Haft. Verlag Littner, Berlin 1947.

Boscheinen, Walter: „zeit der lese“. Katholisch-Soziales Institut, Selhofer Str. 11, 53604 Bad Honnef

Brecht, Bertolt: „Morgens und abends zu lesen“. In: ders.: Werke. Große kommentierte Berliner und Frankfurter Ausgabe, Band 14, © Suhrkamp Verlag 1933.

Bruners, Wilhelm: „Beracha“. In: ders.: Verabschiede die Nacht: Gedichte Erzählungen Meditationen Biblisches. Klens-Verlag, Düsseldorf 1999, S. 99.

Buber, Martin: „Das echte Gespräch“. In: ders.: Werke. Band 1. © Gütersloher Verlagshaus, Gütersloh, in der Verlagsgruppe Random House GmbH, München.

Buber, Martin: „Das Versteckspiel“. In: ders.: Die Erzählungen der Chassidim. © Manesse Verlag, Zürich, in der Verlagsgruppe Random House GmbH, München 1949.

Buber, Martin: „Der Mensch wird am Du zum Ich“. In: ders.: Werke. Band 1. © Gütersloher Verlagshaus, Gütersloh, in der Verlagsgruppe Random House GmbH, München.

Buber, Martin: „Die Segnung“. In: ders.: Die Erzählungen der Chassidim. © Manesse Verlag, Zürich, in der Verlagsgruppe Random House GmbH, München 1949.

Bücksteeg, T. & Sternberg, T. (Hrsg.): Christen in der Verantwortung. Gebete und Texte. Münster 2001, S. 11.

Busta, Christine: „Von der Gerechtigkeit“. In: dies.: Die Scheune der Vögel. © Otto Müller Verlag, Salzburg, 3. Auflage, 1995.

Canetti, Elias: „Die Erkenntnis“. In: ders.: Die Provinz des Menschen, Aufzeichnungen 1942–1972. © Carl Hanser Verlag, München – Wien 1973.

Canetti, Elias: „Freunde braucht man“. In: ders.: Die Provinz des Menschen, Aufzeichnungen 1942–1972. © Carl Hanser Verlag, München – Wien 1973.

Canetti, Elias: „Sehr schwer verständlich“. In: ders.: Die Provinz des Menschen. Aufzeichnungen 1942–1972. © Carl Hanser Verlag, München – Wien 1973.

Canetti, Elias: „Wie gerne würde ich“. In: ders.: Die Provinz des Menschen, Aufzeichnungen 1942–1972. © Carl Hanser Verlag, München – Wien 1973.

Dauer, Joachim: „Die Existens derer“. In: T. Bücksteeg und T. Sternberg: Christen in der Verantwortung. Gebete und Texte. Münster 2001, S. 55.

Delbrêl, Madeleine: „Aber für uns“. In: dies.: Gott einen Ort sichern. Texte – Gedichte – Gebete. Herausgegeben von Annette Schleinzer, © Schwabenverlag, Ostfildern 2002, S. 157.

Delbrêl, Madeleine: „Du lebtest“. In: dies.: Gott einen Ort sichern. Texte – Gedichte – Gebete. Herausgegeben von Annette Schleinzer, © Schwabenverlag, Ostfildern 2002, S. 25f.

Delbrêl, Madeleine: „Eines Tages“. In: dies.: Gott einen Ort sichern. Texte – Gedichte – Gebete. Herausgegeben von Annette Schleinzer, © Schwabenverlag, Ostfildern 2002, S. 72.

Delbrêl, Madeleine: „Geht in euren Tag hinaus“. In: dies.: Gott einen Ort sichern. Texte – Gedichte – Gebete. Herausgegeben von Annette Schleinzer, © Schwabenverlag, Ostfildern 2002, S. 37.

„Der Herr sei vor dir“. In: Worte heute. action 365, Frankfurt am Main 2001, S. 199.

„Der Herr segne Dich!“. In: Worte heute, action 365, Frankfurt am Main 2001, S. 21.

Domin, Hilde: „Windgeschenke“. In: dies.: Gesammelte Gedichte. © S. Fischer Verlag GmbH, Frankfurt am Main 1987.

Droste-Hülshoff, Annette von: Sämtliche Gedichte. Insel Verlag, Frankfurt am Main 1988, S. 470.

Droste-Hülshoff, Annette von: „Ich trau auf deine Hand“. Quelle unbekannt.

Eichendorff, Joseph von: „Der Einsiedler“. In: ders.: Gedichte. Herausgegeben von Hartwig Schultz. Insel Verlag, Frankfurt am Main 1988, S. 153.

Eichendorf, Joseph von: „Es wandelt, was wir schauen“. In: Werke. Carl-Hanser-Verlag, München 1971, S. 260.

Enzenberger, Hans Magnus: „First things first“. In: ders.: Leichter als Luft. Moralische Gedichte. © Suhrkamp Verlag 1999.

Frère Roger, Taizé: „Bei Aufschlagen des Evangeliums könnte man sich vorstellen“. © Ateliers et Presses de Taizé; F-71250 Taizé-Communauté.

Frère Roger, Taizé: „Gott, du immer unter uns“. © Ateliers et Presses de Taizé; F-71250 Taizé-Communauté.

Fried, Erich: „Dich“. In: ders.: Liebesgedichte. © Verlag Klaus Wagenbach, Berlin 1979, NA 1995.

Gabriol, Salomo Ben: „Am Morgen eil ich Dir“. In: Wilhelm Gundert, Annemarie Schimmel, Walther Schubring (Hrsg.): Lyrik des Ostens. Gedichte der Völker Asiens zum Nahen bis zum Fernen Osten. Marienverlag, Wien 1965, S. 24.

„Gebet: Herr, lehre mich beten“. In: Klaus Vellguth: Wo die Sehnsucht Heimat findet. Gebete aus den jungen Kirchen. Butzon & Bercker, Aachen 2003.

Gellert, Christian Fürchtegott: „Nun dann in Gottes Namen“. In: Reiner Kunze (Hrsg.): auf eigene hoffnung. Gedichte, S. Fischer Verlag, Frankfurt am Main, 1987.

Gerhardt, Paul: „Hymnus“ In: Evangelish-Lutherische Kirche in Bayern (Hrsg.): Evangelisches Gesangbuch. Ausgabe für die evangelisch-lutherischen Kirchen in Bayern und Thüringen, Evangelischer Presseverb. Bayern, München o. J., Nr. 324.

Goes, Albrecht: „Weltleid“. In: ders.: Leicht und Schwer. Siebzig Jahre im Gedicht. © S. Fischer Verlag GmbH, Frankfurt am Main 1998.

„Gottesdienst von Papst Johannes Paul II. am 12.03.2000 in St. Peter in Rom“.

Hammarskjöld, Dag: „Achtung vor dem Wort“. In: ders.: Zeichen am Weg. Übertragen und herausgegeben von Anton Graf Knyphausen. © Droemersche Verlagsanstalt Th. Knaur Nachf. GmbH & Co. KG, München 1965.

Hammarskjöld, Dag: „Dieser lästerliche Anthropomorphismus“. In: ders.: Zeichen am Weg. Übertragen und herausgegeben von Anton Graf Knyphausen. © Droemersche Verlagsanstalt Th. Knaur Nachf. GmbH & Co. KG, München 1965.

Hammarskjöld, Dag: „Pfingsten 1961“. In: ders.: Zeichen am Weg. Übertragen und herausgegeben von Anton Graf Knyphausen. © Droemersche Verlagsanstalt Th. Knaur Nachf. GmbH & Co. KG, München 1965.

Hammarskjöld, Dag: „Sich binden“. In: ders.: Zeichen am Weg. Übertragen und herausgegeben von Anton Graf Knyphausen. © Droemersche Verlagsanstalt Th. Knaur Nachf. GmbH & Co. KG, München 1965.

Heindrichs, Heinz-Albert: „Dilemma“. © beim Autor, Auf Böhlingshof 23, 45888 Gelsenkirchen

Heindrichs, Heinz-Albert: „Jede Nacht, jeden Tag“. © beim Autor, Auf Böhlingshof 23, 45888 Gelsenkirchen

Helfta, Gertrud von: „Wenn wir fliehen“. In: Walter Repges (Hrsg.): Den Himmel muss man sich schenken lassen. Die Mystikerinnen von Helfta. Benno-Verlag, Leipzig 2001, S. 105.

Hemmerle, Klaus: „Der Spielraum des Menschen“. In: ders.: Spielräume Gottes und der Menschen. Beiträge zu Ansatz und Feldern kirchlichen Handelns. Herder, Freiburg 1996, S. 366–367.

„Herr, ich bin fröhlich“. In: T. Bücksteeg und T. Sternberg (Hrsg.): Christen in der Verantwortung. Gebete und Texte. Eigenverlag Katholische Akademie Münster 2001, S. 11.

Herrlein, Peter: „Abends“. Quelle unbekannt.

Hüsch, Hanns Dieter: „Ich bin vergnügt“. Aus: ders.: Sinnfrage und Humor. In: Peter Reifenberg (Hrsg.): Sehnsucht nach Sinn. Knecht, Frankfurt 2003, S. 127.

Hüsch, Hanns Dieter: „Wir alle sind in Gottes Hand“. Aus: ders.: Sinnfrage und Humor. In: Peter Reifenberg (Hrsg.): Sehnsucht nach Sinn. Knecht, Frankfurt 2003, S. 122f.

„Hymnus“. Anonym. Quelle unbekannt.

Isu, Máel: „Herr, bewahre mich“. In: Paul-Werner Scheele (Hrsg.): Du bist unser alles. Altirische Gebete. Echter-Verlag, Würzburg 1989, S. 69. © Paul-Werner Scheele.

Johannes vom Kreuz: „Die Verse lauten so“. In: ders.: Empor zum Karmelberg. Übertragen von Oda Schneider. Johannes Verlag Einsiedeln, Freiburg [5]2002, S. 56.

Juhre, Arnim: „Was ist besser als Leben? Psalm 63“. In: ders.: Die Ungeborenen schlagen Alarm. Gedichte – Psalmen – Lieder. © Strube Verlag, München – Berlin 2003.

Kaléko, Mascha: „Einem Kinde im Dunkeln“. In: dies.: Das lyrische Stenogrammheft. Kleines Lesebuch für Große. © Rowohlt Verlag GmbH, Hamburg 1956.

Kaléko, Mascha: „Von Mensch zu Mensch“. In: dies.: Das lyrische Stenogrammheft. Kleines Lesebuch für Große. © Rowohlt Verlag GmbH, Hamburg 1956.

Kierkegaard, Sören: „Der beste Beweis". In: ders.: Die Tagebücher. Eine Auswahl. Bd. IX. Herausgegeben von H. Gerdes. Grevenberg, Simmerath 1980.

Klepper, Jochen: „Trostlied am Abend". In: ders.: Ziel der Zeit – Die gesammelten Gedichte, Luther-Verlag, Bielefeld [7]2003.

Knapp, Andreas: „Das Kreuz von San Damiano". In: ders.: Brennender als Feuer. Geistliche Gedichte. © Echter-Verlag, Würzburg 2004.

Kues, Nikolaus von: „Deshalb sage ich Dir Dank". In: De visione Dei, aus Kapitel 9.

Kues, Nikolaus von: „Sei Du Dein". In: De visione Dei, aus Kapitel 7, Nr. 25.

Kues, Nikolaus von: „Wer sich also Dein Angesicht". In: De visione Dei. Kapitel 6, Nr. 20 und 21.

Kunert, Günter: „Frist": In: ders.: So und nicht anders. Ausgewählte und neue Gedichte. © Carl Hanser Verlag, München – Wien 2002.

Kunze, Reiner: „Dein Kopf auf meiner Brust". In: ders.: auf eigene hoffnung. © S. Fischer Verlag GmbH, Frankfurt am Main 1981.

Kunze, Reiner: „Die großen Spaziergänge". In: ders.: auf eigene hoffnung. © S. Fischer Verlag GmbH, Frankfurt am Main 1981.

Kunze, Reiner: „Fast ein Gebet". In: ders.: Wohin der Schlaf sich schlafen legt. © S. Fischer Verlag GmbH, Frankfurt am Main 1991.

Kunze, Reiner: „Junger Interpret". In: ders.: auf eigene hoffnung. © S. Fischer Verlag GmbH, Frankfurt am Main 1981.

Kunze, Reiner: „Nachtmahl auf dem Acker". In: ders.: ein tag auf dieser erde. © S. Fischer Verlag GmbH, Frankfurt am Main 1998.

Kurz, Paul Konrad: „Die Worte". In: ders.: Der fernnahe: Theopoetische Texte. Matthias-Grünewald-Verlag Mainz 1994.

Lasker-Schüler, Else: „Versöhnung". In: dies.: Gedichte 1902–1943 © Suhrkamp Verlag, Frankfurt am Main 1996.

Lavant, Christine: „Ich ordne die Verlassenschaft". In: dies.: Der Pfauenschrei. © Otto Müller Verlag, Salzburg [5]2006.

Lavant, Christine: „Seit heute, aber für immer". In: dies.: Der Pfauenschrei. © Otto Müller Verlag, Salzburg [5]2006.

Le Fort, Gertrud von: „Das Geschenk des Lächelns“. In: T. Bücksteeg und T. Sternberg (Hrsg.): Christen in der Verantwortung. Gebete und Texte. Münster 2001, S. 65.

Lehmann, Karl: „Der biblische Glauben“. In: ders.: Von der besonderen Kunst glücklich zu sein. Herder, Freiburg 2006.

Lisieux, Therese von: „O mein Gott, ich möchte“: In: Therese Martin: Ich gehe ins Leben ein. Letzte Gespräche der Heiligen von Lisieux, Johannes Verlag, Leutesdorf ²1982. Vertrieb seit 2006 durch Paulinus Verlag, Trier.

Loyola, Ignatius von: „Zur Zeit der Trostlosigkeit“. In: ders: Geistliche Übungen. Übertragung und Erklärung von Adolf Haas. Mit einem Vorwort von Karl Rahner. Herder, Freiburg 1966, S. 105.

Lubac, Henri de: „Hymne an Gott“. In: ders.: Auf den Wegen Gottes. Johannes Verlag Einsiedeln, Freiburg 1992, S. 166.

Luther, Martin: „Bittgebet“. Quelle unbekannt.

Luther, Martin: „Nicht kann auch“. In: psalmos, WA 5, S. 168.

Madrigal Brenes, Walter Josue: „Gebet eines Kindes“. © Adveniat.

Marti, Kurt: „dem herrn unserm gott“. In: ders.: Leichenreden. Mit einem Vorwort von Peter Bichsel. © Nagel & Kimche im Carl Hanser Verlag, München – Wien 2001.

Marti, Kurt: „psälmlein“. In: ders.: gott gerneklein, gedichte. © Radius Verlag, Alexanderstraße 162, 70180 Stuttgart 2006.

Maurus, Rabanus: „Gebet um die Gabe des Geistes“. In: Johannes von Guenther (Hrsg.): Religiöse Lyrik des Abendlandes. Ullstein-Taschenbücher, Frankfurt am Main 1958, S. 26.

Meister Eckhart: „Aber manche Leute“. In: Deutsche Predigten und Traktate. Herausgegeben und übersetzt von Josef Quint. © Carl Hanser Verlag, München – Wien 1977.

Meister Eckhart: „Du brauchst Gott weder hier noch dort zu suchen“. In: Deutsche Predigten und Traktate. Herausgegeben und übersetzt von Josef Quint. © Carl Hanser Verlag, München – Wien 1977.

Metz, Johann Baptist: „Compassion“. In: ders.: Lothar Kuld, Adolf Weisbrod (Hrsg.): Compassion – Weltprogramm des Christentums. Soziale Verantwortung lernen. Herder, Freiburg 2000.

„Möge der Segen Gottes“. In: Klaus Vellguth und Katja Heidemanns (Hrsg.): Gott feiern in der Einen Welt. Liturgische Modelle und Bausteine. Don Bosco-Verlag, München 2000, S. 87. © Katja Heidemanns

Morgenstern, Christian: „Nachts im Wald“. In: Clemens Heselhaus (Hrsg.): Christian Morgenstern. Jubiläumsausgabe in vier Bänden. Piper Verlag, München 1979.

Namsu, Pak: „Morgenbild“. In: Marion Eggert (Hrsg.): Wind und Gras. Moderne koreanische Lyrik. Deutscher Taschenbuch Verlag, München ²2005. © Rohr Verlag, Berlin.

Noel, Marie: „Die arme Kommunion“. In: dies.: Erfahrungen mit Gott. Eine Auswahl aus den Notes Intimes (Topos Taschenbuch 12). Matthias-Grünewald-Verlag, Mainz ²1979.

Noel, Marie: „Ich habe kein Verlangen“. Ibidem.

Noel, Marie: „In meine Müdigkeit auf kahler Erde“. Ibidem.

Noel, Marie: „Während der Nacht“. In: Kurt Marti (Hrsg.): Der Heilige Geist ist keine Zimmerlinde. Achtzig ausgewählte Texte. Radius-Verlag, Stuttgart 2000, S. 126–127.

Nolasco, Domingo Hipólito: „Lass mich nicht allein“. Quelle unbekannt.

Oosterhuis, Huub: „Abendgebet“. Quelle unbekannt.

Oosterhuis, Huub: „Du bist die Antwort nicht“. In: ders.: Dein Trost ist nah. Gebete in Stunden der Bedrängnis. Herder, Freiburg 1985, S. 53.

Oosterhuis, Huub: „Eine Hymne, ein feierliches Lied“. In: ders.: Weiter sehen als wir sind. Meditationstexte, Gebete, Lieder. Herder, Freiburg 1985, S. 139–140.

Oosterhuis, Huub: „Große Litanei“. In: ders.: Dein Trost ist nah. Gebete in Stunden der Bedrängnis. Herder, Freiburg 1985, S. 135–138.

Pascal, Blaise: „Die Größe des Menschen“. In: ders.: Gedanken. Röderberg, Stuttgart 1978, S. 60.

Patrick: „Irisches Gebet“. In: Georg Schwickart und Werner Wanzura (Hrsg): Die großen Gebete. Styria, Graz 1996.

Pi, Cao: „Und wem klag ich mein Leid?“. In: Ernst Schwarz (Hrsg.): Chrysanthemen im Spiegel. Klassische chinesische Dichtungen. Rütten & Loening, Berlin ²1988.

Pieper, Josef: „Alles Glück ist Liebesglück“ In: ders.: Alles Glück ist Liebesglück (= Reihe Akademiebibliothek 3). Hamburg 1992, S. 5–7.

Platon: Phaidon: Übersetzt von Friedrich Schleiermacher. Stuttgart 2001, S. 6–7. Reclam, Ditzingen, 1986

Rahner, Karl: „Aber, wenn du mir nirgends“. In: ders.: Gebete des Lebens. Herausgegeben von Albert Raffelt. Herder, Freiburg 1993.

Rahner, Karl: „All diejenigen“. In: ders.: Gebete des Lebens. Herausgegeben von Albert Raffelt. Herder, Freiburg 1993.

Rahner, Karl: „Alles ist Alltag“. In: ders.: Gebete des Lebens. Herausgegeben von Albert Raffelt. Herder, Freiburg 1993, S. 113–114.

Rahner, Karl: „Gott meines Alltags“. In: ders.: Gebete des Lebens. Herausgegeben von Albert Raffelt. Herder, Freiburg 1993.

Ratzinger, Joseph (Benedikt XVI): „Wenn Terrorismus“. In: Jürgen Habermas und Joseph Kardinal Ratzinger (Benedikt XVI): Dialektik der Säkularisierung. Herder, Freiburg 2005, S. 46f.

Rau, Johannes: „Eröffnungsrede beim Rundgespräch ‚Zukunft der Religion‘ im Schloss Bellevue in Berlin 11. April 2002“. In: ders.: Reden und Interviews, Band 3.2. 1. Jan.–30. Juni 2002, Bundespräsidialamt, Berlin, S. 208–209.

Ricœur, Paul: „Wer zeigt uns das Glück?“. © Ateliers et Presses de Taizé; F-71250 Taizé-Communauté.

Ricœur, Paul: „In der Gegenüberstellung“. In: Stefan Orth, Peter Reifenberg (Hrsg.): Facettenreiche Anthropologie. Reflexionen auf den Menschen. Alber, Freiburg – München 2004, S. 159.

Rilke, Rainer Maria: „Werkleute sind wir“. In: ders.: Werke in drei Bänden. Band I, Gedichte – Zyklen. Insel, Frankfurt 1996, S. 24.

Romero, Oscar A.: „Es hilft“. In: Missionszentrale der Franziskaner (Hrsg.): Zum 25. Jahrestag seiner Ermordung: Oscar Arnulfo Romero – „Anti-imperiale“ Spiritualität (Berichte – Dokumente – Kommentare, 96), Bonn 2005, S. 42.

Rosenroth, Christian Knorr von: „Morgenandacht“. In: Christian Strich (Hrsg.): Lobet den Herrn. Gebete großer Dichter und Denker. Diogenes, Zürich 1997, S. 101–102.

Rühmkorf, Peter: „Himmel abgespeckt“. In: ders.: Gedichte – Werke 1. © Rowohlt Verlag GmbH, Reinbek bei Hamburg 2000.

Saint-Exupéry, Antoine de: „Ich bitte nicht um Wunder“. In: ders.: Die Stadt in der Wüste. © Karl Rauch Verlag, Düsseldorf 1956 und 2002.

Skácel, Jan: „Alles schmerzt“. In: ders.: wundklee. Gedichte. Ins Deutsche übertragen von Reiner Kunze. © S. Fischer Verlag GmbH, Frankfurt am Main 1982.

Skácel, Jan: „Trauern“. In: ders.: wundklee. Gedichte. Ins Deutsche übertragen von Reiner Kunze. © S. Fischer Verlag GmbH, Frankfurt am Main 1982.

Schmitt, Eric-Emmanuel: „Lieber Gott“. In: ders.: Oskar und die Dame in Rosa. © Amman Verlag & Co., Zürich 2005. Abdruck mit freundlicher Genehmigung des Verlags.

Schneider, Reinhold: „Wer sich in den Nicht-Glauben“. In: ders.: Winter in Wien. Aus meinen Notizbüchern 1957/58. Herder, Freiburg 1958, S. 99.

Sonnenschein, Carl: „Der Leidensmann“. In: ders.: Worte der Treue. Herder, Freiburg 1978, S. 42.

Stadler, Arnold: „Psalm 8“. In: ders.: „Die Menschen lügen. Alle.“ © Insel Verlag, Frankfurt ^{7}2002.

Stadler, Arnold: „Psalm 23“. In: ders.: „Die Menschen lügen. Alle.“ © Insel Verlag, Frankfurt ^{7}2002.

Stein, Edith: „Lass blind mich, Herr“. In: Ch. Eininger (Hrsg.): Die schönsten Gebete der Welt. Südwest Verlag, München ^{11}1984, S. 268.

Stier, Fridolin: „Nicht ‚von Gott‘ lasst uns reden“. In: ders.: Vielleicht ist irgendwo ein Tag. Aufzeichnungen. Herder, Freiburg 1985.

Stier, Fridolin: „Wir haben es mit der Klarheit“. In: ders.: Vielleicht ist irgendwo ein Tag. Herder, Freiburg 1985.

Suyŏng, Kim: „Verzweiflung“. In: Marion Eggert (Hrsg.): Wind und Gras. Moderne koreanische Lyrik. Deutscher Taschenbuch Verlag, München ^{2}2005. © Rohr Verlag, Berlin.

Thümler, Walter: „o.T.“. In: ders.: Über die lange Horizontale. Verlag Kleinheinrich, Münster 1995.

Vellguth, Klaus: Wo die Sehnsucht Heimat findet. Gebete aus den jungen Kirchen. Butzon und Bercker, Aachen 2003. © missio Aachen

Weil, Simone: „Die Aufmerksamkeit ist eine Anstrengung“. In: dies.: Das Unglück und die Gottesliebe. Kösel-Verlag, München 1987, S. 62. © der Originalausgabe: Simone Weil: Attente de Dieu. Editions Fayard, Paris 1950.

Weiss, Konrad: „Nachtgespräch“. In: ders.: Die eherne Schlange und andere kleine Prosa. Herausgegeben von Friedhelm Kemp. Deutsches Literaturarchiv, Marbach 1990, S. 10.

Welte, Bernhard: „Im stillen Raum“. In: ders.: Religionsphilosophie. Herder, Freiburg 1978, S. 183–185.

Winnicott, D.: „Schlaf“. D.W.W.: A Reflection. In: D.W. Psychoanalytic Explorations. Eds.Winnicott, C. et al. Karnac, London 1989.

Wittgenstein, Ludwig: „Ein Mensch“. In: ders.: Vermischte Bemerkungen. Eine Auswahl aus dem Nachlass. Herausgegeben von G. H. von Wright. Suhrkamp, Frankfurt 1977, S. 85.

Ysang: „Spiegel“. In: Marion Eggert (Hrsg.): Wind und Gras. Moderne koreanische Lyrik. Deutscher Taschenbuch Verlag, München ²2005. © Rohr Verlag, Berlin.

Zenetti, Lothar: „Behüte, Herr, die ich Dir anbefehle“, Quelle unbekannt.

Anmerkung des Verlages:

Wir danken den Verlagen und Rechteinhabern für die Erteilung der Abdruckgenehmigungen. Bei einigen Texten war es trotz gründlicher Recherchen nicht möglich, die Inhaber der Rechte ausfindig zu machen. Honoraransprüche bleiben bestehen.